ÉLÉMENTS

DE

STRATÉGIE PRATIQUE

PAR

CH. VON DECKER.

TRADUIT DE L'ALLEMAND

et augmenté d'un chapitre sur la Belgique

PAR TH. LIPPERT,

Major d'artillerie

BRUXELLES.

MELINE, CANS ET COMPAGNIE.

LIVOURNE. | LEIPZIG.

MÊME MAISON. | J. P. MELINE.

1849

ÉLÉMENTS

DE

STRATÉGIE PRATIQUE.

IMPRIMERIE DE G. STAPLEAUX.

ÉLÉMENTS

DE

STRATÉGIE PRATIQUE

PAR

Ch. VON DECKER.

TRADUIT DE L'ALLEMAND

ET AUGMENTÉ D'UN CHAPITRE SUR LA BELGIQUE

Par Th. Lippert

Major d'artillerie.

BRUXELLES.

MELINE, CANS ET Cie, LIBRAIRES-ÉDITEURS,

| LIVOURNE. | LEIPZIG. |
| MÊME MAISON. | J. P. MELINE. |

1849

INTRODUCTION.

La tactique enseigne l'art de la guerre sous un rapport spécial, beaucoup plus pratique que théorique. Depuis le tirailleur jusqu'au général divisionnaire, le soldat qui exécute une opération tactique est plus ou moins un instrument dans la main du supérieur. Excepté dans les grades élevés, le tacticien ne se pose que rarement la question de savoir « pourquoi il combat? » il se contente d'apprendre « comment il combat *le mieux !* » En un mot, la tactique a pour objet de satisfaire à une donnée, où il s'agit de rencontrer victorieusement l'ennemi, les armes à la main.

Mais pour qu'il puisse être question d'une donnée, il faut le concours de quelqu'un qui la pose. D'où la question bien naturelle : « De qui le tacticien

tient-il sa donnée? » Réponse : Des lois de la grande
guerre, dans l'acception la plus générale ; du général comme capitaine, répondent scientifiquement la
pratique et la stratégie.

Cet aspect simple et naturel du sujet démontre
combien il est absurde de prétendre que la stratégie,
ou la science des capitaines, puisse être *enseignée*
comme toute autre science. Il est évident que la seule
exigence d'apprendre à quelqu'un comment il doit
poser un problème à une tierce personne et quelles
doivent en être les données, constitue elle-même un
problème, que l'état actuel de la pédagogie pourrait
bien laisser sans solution.

Napoléon, dans ses maximes de guerre, dit qu'un
général en chef est guidé par sa propre expérience
ou par son génie ; qu'on peut tout apprendre dans
les livres, sauf la stratégie, qu'il appelle la grande
tactique. Il ajoute : « Lisez, relisez les campagnes
d'Alexandre, d'Annibal, de César, de Gustave, de
Turenne, d'Eugène et de Frédéric ; modelez-vous sur
eux, voilà le seul moyen de devenir grand capitaine,
et de surprendre les secrets de l'art de la guerre. »

Cette vérité incontestable n'exclut toutefois pas la
possibilité d'apprendre par la stratégie à résoudre
les questions qu'elle soumet à ses adeptes, non-seulement selon son sens et son esprit, mais encore
selon ses formes, pour autant que les circonstances le
permettent. A cet effet, trois voies nous sont ouvertes :
la voie scientifique, celle de notre expérience personnelle et les leçons de l'histoire. Lorsqu'il est donné
au capitaine seul de parcourir le second chemin, tout
soldat, dont l'éducation scientifique est faite, peut

suivre le premier et le troisième, et mieux encore, il doit les suivre, s'il tient à cœur de ne pas rester étranger aux hautes régions de son éducation militaire.

Le but de cet ouvrage de la Bibliothèque de l'armée est de servir de guide amical pour parcourir la première voie, à l'aide des enseignements de la troisième, ou, pour parler un langage plus précis, le but est *de faire connaître la forme, le sens et l'esprit des questions que la stratégie donne à résoudre au tacticien, dans les diverses guerres.*

Les développements seront donc loin d'exposer une *stratégie systématique*, mais ils contiendront les indications, les signes et les aperçus nécessaires pour remplir le thème à l'aide de l'histoire.

On se souviendra par la tactique que l'art de la guerre comprend deux parties principales :

1° L'une qui appartient au capitaine *seul* et dont il a l'initiative et la responsabilité.

2° L'autre qui, n'appartenant pas uniquement au capitaine et se trouvant confiée à plusieurs autres personnes, ne peut engager sa responsabilité que d'une manière *médiate*.

Cette seconde branche est enseignée dans tous ses détails par la tactique.

La première branche nous occupera dans le travail suivant.

La tactique a assimilé l'armée à une *arme* mise à la main du capitaine ; actuellement nous chercherons

à connaître de plus près le *maniement* de cette arme,
la plus noble et la plus précieuse de toutes.

———

L'*utilité* pratique que l'on avait en vue dans cet
opuscule de la Bibliothèque de l'armée consistait
surtout :

1° A faire connaître la théorie supérieure de l'art
de la guerre par la voie scientifique et par la voie
historique.

2° A faire servir cet exposé à une étude utile de
l'histoire des guerres.

———

La tactique qualifie la guerre de *combat avec des
armées*, comme le duel est un combat à l'épée.

Les leçons de la tactique cherchent à établir que
le soldat, en qualité de tacticien, n'a pas à s'inquiéter de l'origine de la guerre, ni du pourquoi, ni
des fins, et de plus, qu'il n'a pas à s'occuper du but
de la guerre, mais seulement des buts des opérations
de la guerre.

Il en est tout autrement ici. Par cela même qu'il
s'agit de poser un problème à un tiers appelé à le
résoudre, il faut que non-seulement on en connaisse
toutes les données générales, mais encore les mobiles
et les causes déterminantes.

Ainsi le capitaine qui veut combattre avec succès
son arme en main (l'armée), et auquel il importe de
poser, de son côté, au tacticien le problème de ma-

nière à le lui faire résoudre par la voie la plus courte, la plus sûre et la plus complète, doit forcément être initié aux quatre points suivants :

1° Aux causes génératrices de la guerre ;

2° Aux principes pour lesquels elle se fait ;

3° Au but que l'on veut atteindre par la guerre ;

4° Aux moyens dont il peut ou devrait pouvoir disposer en sa qualité de capitaine, pour atteindre ce but.

Ces faits ne sont d'aucun intérêt pour le tacticien, il ne doit même pas s'en préoccuper, parce qu'ils l'induiraient à des recherches inutiles, plus que superflues, souvent nuisibles et par cela même répréhensibles.

Il en est tout autrement du stratége. Quelques considérations, appuyées d'un moment de réflexion, rendront évidente l'une des plus grandes différences entre la stratégie et la tactique.

La tactique parle de l'*élément stratégique*, qui peut et devrait même se rencontrer chez le simple tirailleur, sans cependant pouvoir jamais être confondu avec la stratégie elle-même.

Nous apprendrons à connaître l'élément stratégique dans son extension la plus large et la plus élevée. Le capitaine auquel manquerait l'élément stratégique dans la plus haute acception du mot, serait une triste apparition toute machinale. Il ne suffit pas, pour être joueur d'échecs, de connaître la marche du cavalier, du fou, de la tour, etc.; il faut encore savoir en user, si l'on veut atteindre avec certitude le but du jeu, c'est-à-dire faire son adversaire échec et mat.

1.

L'élément stratégique, dans le sens le plus élevé, est donc la base de tous les actes du général comme capitaine. Au grand jeu de la guerre, tout coup entrepris sans le concours de l'élément stratégique, ou, pour parler avec plus de précision, tout coup qui n'est pas stratégiquement motivé, est un coup *perdu*.

DÉFINITIONS.

La stratégie emploie des expressions dont le sens
demande à être bien défini, si l'on veut comprendre
et parler correctement ce langage. M. de Bülow en
a fait une nomenclature exacte, et à ce titre nous lui
devons des remercîments.

On entend par *opération* l'ordonnance et l'exécution, à l'aide de troupes, d'une mesure stratégique
qui concoure au but de la guerre. Elle comprend donc
des marches, des haltes et des combats.

Quoique l'on dise souvent : « telle ou telle marche
était une bonne ou une mauvaise opération, » il n'est
pas permis de confondre ces expressions, en se servant indifféremment des mots *opération* ou *marche*.

Ces termes sont entre eux comme le but est au

moyen. Les marches sont les moyens d'exécution d'une opération. Une marche stratégique finit ordinairement par une action tactique, et une action tactique ramène de nouveau une marche stratégique.

Une marche ne peut jamais être dite *bonne* ou *belle*, mais bien l'opération, si l'on applique à ces qualificatifs l'idée de perfection absolue.

La marche appartient d'une manière absolue au ressort de la tactique, et ne se range que d'une manière relative sous la loi de la stratégie. L'opération aussi bien que la marche sont toujours ordonnées par la stratégie et exécutées par la tactique.

L'*art des opérations* a pour objet d'apprendre à former et en partie à dénouer le nœud : l'art de combattre, la tactique, enseigne à le trancher par les armes. Il peut se présenter des opérations sans combat ; tandis que les combats font toujours partie de l'opération, sinon ce seraient des batteries inutiles.

La stratégie nomme *point de départ* ou *subjectif* (1) le point d'où l'on part pour commencer une opération ou une marche, et *objectif,* le point vers lequel se dirige l'opération ou la marche, c'est-à-dire où l'un et l'autre se terminent ; ainsi en deux mots : le commencement et la fin. On en déduit donc aussi bien des subjectifs que des objectifs de marche ou d'opération.

Il ne faut point restreindre craintivement le mot *point ;* le subjectif et l'objectif sont des points très-matériels.

(1) On croit pouvoir basarder ce mot parce que, mieux que tout autre, il rend l'idée de l'auteur en opposant subjectif (*subjekt*) à objectif (*objekt*).

Les subjectifs sont généralement les lieux où l'armée laisse une partie des attirails qu'elle juge inutile d'emmener pour le moment. Ce sont le plus souvent des forteresses. L'armée qui emporte tout ce dont elle peut avoir besoin, a son *subjectif* avec elle.

L'objectif peut être très-divers : une forteresse, la capitale de l'adversaire ou même l'armée ennemie, quel que soit le lieu qu'elle occupe. L'armée française était en 1813 l'objectif des forces alliées qui la trouvèrent près de Leipzig et l'y défirent. En 1814, Paris étant l'objectif, la paix suivit la prise de cette capitale.

Une opération se divise en partie tactique et en partie stratégique, savoir :

1° La marche vers l'objectif (stratégique) ;

2° La préparation pour l'action tactique, marche en colonnes — déploiement (tactique) ;

3° L'acte tactique lui-même : combat, bataille, attaque, siége (tactique) ;

4° La transformation de l'acte tactique en une disposition stratégique, sortie du combat—poursuite, retraite (tactique) ;

5° La continuation de la marche vers le nouvel objectif (stratégie).

D'après ce qui précède, *l'art des opérations* se divise en :

1° L'art de marcher (vers le combat ou pour en sortir) ;

2° L'art de se déployer et de se replier (formation pour le combat ou pour s'en dégager) ;

3° L'art de combattre (tactique dans le sens restreint).

La *ligne d'opération* est la ligne stratégique qui réunit le point de départ (subjectif) à l'objectif, sans que pour cela elle forme la ligne la plus courte ou la plus directe entre ces deux points. Il est d'une très-haute importance de la bien choisir. Elle peut être une voie navigable ou une communication par terre ferme.

La *base d'opération* est une suite de subjectifs, situés sur une même ligne ou les uns derrière les autres, qui offrent les propriétés d'un point de départ. Il ne suffit pas d'occuper un lieu pour lui donner le caractère d'un subjectif, il faut encore que cette occupation dérive des principes stratégiques. Si une armée se fait accompagner par ses subjectifs, elle ne se base que sur l'habileté de son général et sur la pointe de ses baïonnettes, ce qui constitue souvent une excellente base. Bonaparte, à l'ouverture de sa campagne de 1796, n'en choisit pas d'autre.

Les *points stratégiques* sont les points auxquels on reconnaît les propriétés d'un subjectif ou d'un objectif; mais cette dénomination s'applique plus particulièrement aux premiers ou aux points qui donnent une grande liberté pour les opérations; quelquefois aussi aux points de réunion de plusieurs lignes d'opération, et, dans l'acception la plus commune, au point de croisement des routes considérées sous les rapports stratégiques.

Le *plan de campagne* est le projet de l'ensemble des opérations de toute une campagne. Le plan d'une opération isolée ne constitue donc point un plan de campagne.

Les *lignes de communication* sont généralement

les voies par lesquelles une armée exécute ses transports. Elles peuvent être prises en avant, en arrière et même latéralement. On *coupe* l'ennemi de ses communications toutes les fois qu'on le sépare de ses subjectifs ; on *rompt* l'ennemi lorsqu'on le traverse entre ses appuis latéraux, tels que des forteresses, des corps armés, etc. Du reste les exigences de la langue et le sens en décident le plus souvent.

On *paralyse* l'ennemi lorsqu'on le tient en tout ou en partie tellement en échec, qu'il ne peut rien entreprendre contre nous. Si, par exemple, un général a deux adversaires à combattre et que par ses manœuvres habiles il tienne l'un en respect, tandis qu'il tombe avec ses forces principales sur l'autre, l'on dit que le premier a été paralysé. Pendant que Frédéric II battait le général Laudon près de Liegnitz, Ziethen paralysait Daun. On peut paralyser, ou l'être soi-même, dans la défense aussi bien que dans l'attaque.

Neutraliser l'ennemi, c'est en rendre momentanément les forces impuissantes. Cette expression ne s'applique donc qu'à des forces inertes, des places, des positions retranchées, etc. Lorsque, par exemple, on force sur un point toute une ligne de défense, il arrive souvent que les autres parties de la ligne sont neutralisées. Une forteresse qui ferme une route peut être neutralisée par une autre route qu'on laisserait ouvrir sur le côté. Par exemple, la chaussée menée de Merseburg à Gotha par Langensalza neutraliserait immédiatement Erfurt (1).

____

(1) C'est ainsi que les forts de Liége sont neutralisés par

On applique aussi, quoique plus rarement, cette expression aux armées. Ainsi Bonaparte sut en 1796 neutraliser, au moyen de sages manœuvres, les troupes sardes sous les ordres de Colli. En 1815, croyant l'armée prussienne complétement neutralisée à Ligny, Napoléon marcha contre les Anglais jusqu'à ce qu'il fût détrompé à son immense détriment.

L'initiative désigne simplement l'indépendance et la consistance stratégiques. Avec l'initiative on peut agir ou non comme l'on veut ; mais en la perdant, on tombe sous la dépendance de l'ennemi. *L'initiative* est à la *non-initiative* ce que le marteau est à l'enclume. La constante conservation de ce pouvoir forme le criterium de toute stratégie.

Marche stratégique. Lorsque l'ennemi doit, conformément au plan de campagne projeté, être attaqué à la fois par plusieurs corps ou par plusieurs armées, et que celles-ci sont arrivées aux points où commencent leurs opérations, l'on dit qu'elles ont terminé leur marche stratégique. Ainsi, par exemple, en 1814, lorsque, après avoir passé le Rhin, le corps de Bülow, traversant la Hollande, était arrivé près de Laon, l'armée de Silésie devant Châlons et la grande armée à Langres, ces trois armées avaient terminé leur marche stratégique.

En 1815, Napoléon ne resta pas dans l'attente, il attaqua les armées alliées avant la fin de leur marche stratégique et faillit la leur faire payer cher.

le nouveau pont du Val-Benoît ; les places de Charleroi, de Mons, etc., le sont par des réseaux de routes ouvertes depuis 1830.   (*Trad.*)

Défensive. — *Offensive.* Le langage militaire ne contient guère d'expression à signification plus multiple que ces deux mots. C'est ainsi qu'une campagne tout entière, une opération isolée, une action momentanée, un événement tactique peuvent être défensifs ou offensifs. Dès lors on doit admettre une défensive ou une offensive générale, stratégique ou tactique.

La *défensive* implique l'idée du parti attaqué, qui cherche à parer les coups de l'assaillant et à conserver par les armes ses propres possessions. Si cette situation se borne à pâtir ou à repousser seulement, la défensive devient absolue ou *passive* et, soit dit en passant, elle constitue à la guerre la pire de toutes les défenses; si, au contraire, tout en parant, on riposte vigoureusement, sans sortir de son rôle, la défensive devient relative ou *active;* elle ne devrait jamais prendre d'autre caractère.

L'*offensive* est le rôle du parti attaquant qui cherche à anéantir son adversaire ou à s'emparer de ses possessions. La défense offensive est une expression très-justifiable, mais l'offensive sur la défensive constituerait un non-sens que les fabricants de systèmes d'une instruction exagérée consentiraient seuls à employer. Le mot *offensive* implique par lui-même l'action d'une forte entreprise : aussi dit-on avec justesse *une opération offensive,* tandis que l'on se sert de préférence, pour la défensive, du mot *mesure.* La nécessité de prendre des contre-mesures fait naître des soucis silencieux, engendre une préoccupation fâcheuse, et, pour être plus explicite, indique par cela même que le plus faible est toujours réduit à la défensive, tandis qu'au plus fort revient naturellement le rôle offensif.

L'*offensive* et la *défensive* sont donc de rudes antagonistes, quoique la plus grande habileté à la guerre consiste à réunir les deux avec bonheur. Cette antithèse n'est jamais plus tranchée qu'à la guerre même, quand on la considère dans son ensemble, et l'on est ainsi amené à rechercher la différence d'une *guerre offensive* ou d'une *guerre défensive*. Le principe fondamental est le même pour toutes deux; il consiste à se débarrasser de l'ennemi, mais les *moyens* sont différents. Les deux guerres se distinguent donc entre elles, en ce que :

1° L'idée politique qui leur sert de base est différente ;

2° Les moyens d'atteindre le but de la guerre ne sont pas les mêmes pour toutes les deux.

Ces deux points seront développés ultérieurement.

Démonstration et diversion. La diversion peut être politique ou stratégique (dans le sens restreint et même tactique), elle désigne un mécompte dans les calculs de l'ennemi ; la démonstration n'a pour objet que de faire naître chez l'ennemi la crainte de ce mécompte. Pour exécuter une démonstration, on lève l'épée et on menace ; pour faire une diversion, on tire sans bruit l'épée du fourreau et on l'enfonce dans les côtes de l'ennemi là où il s'y attend le moins. Les démonstrations peuvent être dirigées sur le front ou sur les flancs de l'ennemi, et les diversions ordinairement sur ses derrières. On peut comparer une démonstration à une fausse attaque stratégique, une diversion à une attaque de revers très-pressante. La

Prusse en 1805, après la bataille d'Austerlitz, eût pu opérer une diversion (politique) très-sensible aux Français; elle jugea plus convenable de ne pas le faire et s'abstint même de toute démonstration. L'invasion de l'Italie en 1809, par l'archiduc Jean, était une diversion sur les derrières de l'armée française qui pénétrait en Bavière. D'une démonstration on peut arriver finalement à une diversion, mais la réciproque n'est que rarement et peut-être jamais possible.

[illegible]

ÉLÉMENTS
DE STRATÉGIE PRATIQUE.

CHAPITRE PREMIER.

DES CAUSES ET DES MOTIFS DE GUERRE.

CONSÉQUENCES IMMÉDIATES.

1. GÉNÉRALITÉS.

Le lecteur ne s'attend pas à ce que l'on recherche ici les causes de la guerre d'un autre point de vue que de celui de la stratégie.

M. de Tiedemann dit, dans son cours remarquable, que généralement la guerre éclate « lorsqu'un État « exige d'un autre un acte qu'il ne veut pas poser « volontairement. » — On pourrait ajouter « qu'il ne « peut ou n'ose poser volontairement. »

La guerre est donc presque toujours précédée d'une *prétention* à laquelle on répond par un *refus*.

2.

Mais ni les prétentions ni les refus ne sont publiés toutes les fois ; toute la sagacité de la diplomatie s'exerce souvent à déguiser au monde les uns et les autres, ou même à les lui cacher entièrement, ce qui ne peut être développé ici plus longuement.

Les causes sont donc *réelles* ou *spécieuses*, et par suite les motifs sérieux ou seulement apparents.

On peut diviser les causes de la guerre en plusieurs classes : par exemple, en causes actives, passives, réagissantes, etc. La stratégie pratique en retirera peu d'utilité, quoique la connaissance de la *vraie cause* de la guerre importe beaucoup au général en chef, en ce qu'il doit très-souvent y conformer ses dispositions. La science se contente de savoir que les causes de guerre, comme il a été dit plus haut, consistent ordinairement dans une prétention à laquelle la partie adverse ne peut ou ne veut satisfaire. Il ne peut donc être question ici des causes de guerre civile, parce que la stratégie n'a pas à s'en occuper.

Il est extrêmement intéressant pour l'étude de l'histoire des guerres de démêler la *vraie* cause de guerre. A cet effet, il ne suffit pas de remonter aux sources de l'histoire des guerres, mais il faut encore explorer celles de l'histoire politique des États. Les mémoires des grands hommes qui ont joué un rôle actif dans les guerres donnent souvent des explications très-suffisantes.

Le temps dans ces questions est le meilleur indice, il résout toutes les énigmes, même les plus compliquées.

2. MOTIFS DE GUERRE. INTENTION ET BUT.

Ces trois parties forment un tout compacte dont il est difficile d'expliquer une partie isolée.

Lorsqu'en général le motif de guerre consiste dans une prétention à laquelle il ne peut être satisfait sans guerre, le but de la guerre ne peut être autre que de réaliser d'un côté cette prétention par la violence, et, de l'autre, de se mettre en garde contre une telle occurrence par la force même des armes, ainsi de forcer l'adversaire à se désister de sa prétention.

L'intention et le but se confondent dans ce cas, et s'ils ne peuvent se réaliser tous les deux que par la guerre, c'est un motif suffisant d'y recourir. Mais tout revient à savoir comment l'une des parties considère la prétention de l'autre et si, après avoir réussi à démêler assez tôt les intentions hostiles opposées, elle possède une force suffisante pour les déjouer.

Les exemples sont dans ce cas les meilleurs enseignements si l'on ne veut aboutir à des cercles vicieux, qui nous rendent aussi savants à la fin qu'au commencement.

La coalition de 1756, par exemple, n'avait d'autre objet que de démembrer la Prusse. Frédéric le Grand devina cette intention réelle et parvint à la déjouer par une agression subite, en se souciant peu de savoir si le reste de l'Europe le qualifierait d'agresseur.

La Russie conçut en 1805 le dessein de posséder la Finlande, afin d'étendre de ce côté les limites de l'empire. Il eût été fort impolitique d'énoncer publiquement une telle intention ; aussi, le gouvernement russe préféra-t-il attaquer, sans plus de raisons, la Suède prise à l'improviste.

Le vrai dessein de Napoléon, dans la campagne de Russie en 1812, est connu du monde entier, et cependant il n'a jamais été avoué publiquement, quoique la guerre prît son cours.

Depuis la paix de Tilsitt, la Prusse avait l'intention de secouer le joug français, intention qu'elle ne pouvait évidemment pas manifester publiquement ; du moins, pas avant que la défaite des Français en Russie ne vînt lui donner l'occasion de tirer l'épée pour atteindre son glorieux but. Les motifs de guerre en avaient précédé le dessein depuis longtemps, ce dessein ne fut mis au jour que très-postérieurement, et, plus longtemps après encore, le but de cette guerre fut atteint.

La paix succède naturellement à la guerre dont le but est atteint, aussi longtemps qu'une nouvelle prétention n'entraîne pas une guerre nouvelle. La paix est donc la conséquence de la guerre, c'est-à-dire la *paix à certaines conditions*, qu'aucun État n'accepterait sans avoir couru les chances de la guerre.

De puissants États sont très-pointilleux sur ces conditions, et ne s'en laissent pas imposer beaucoup ; les États d'une politique plus faible subissent longtemps une condition après l'autre, jusqu'à ce que les prétentions croissent au point de ne pouvoir plus être satisfaites que par la guerre, à moins que l'on ne veuille leur sacrifier l'existence même de l'État, ou l'honneur de la nation.

On doit admettre que l'on ne peut recourir à la guerre que pour autant qu'il y ait quelque probabilité fondée d'arriver à une fin heureuse. Toutefois, cette règle, comme toute autre, a des exceptions.

En thèse générale, on recourra à la guerre, même dans les circonstances les plus favorables, toutes les fois qu'en la faisant, on n'éprouvera pas de plus grandes pertes que n'en entraînerait un plus long maintien de la paix. Le cas se présente lorsque l'existence même d'un État est en jeu. C'était la situation de l'Espagne en 1807, quand cette puissance commença les hostilités. Elle n'avait d'autre alternative qu'un assujettissement absolu ou la guerre. Elle la préféra à la paix comme toute nation vigoureuse l'eût fait, et telle était l'Espagne alors.

La Prusse se trouva dans une situation analogue en 1813. A la première lueur d'espoir d'une heureuse issue, elle choisit la guerre, et l'eût choisie alors même que cette faible lueur lui eût manqué, parce que le roi et la nation pensaient trop magnanimement pour ne pas préférer une ruine glorieuse les armes à la main, à une dissolution ignominieuse sous un joug étranger.

Ce n'est que dans des cas très-rares que le but de la guerre et le moyen se confondent; le plus souvent la guerre n'est que le moyen d'atteindre le but.

On fait donc la guerre pour atteindre un but auquel on ne pourrait parvenir sans elle.

La guerre cesse du moment où le but

a. est atteint ou

b. abandonné.

Exemples : Frédéric II avait la conquête de la

Silésie pour but de la campagne de 1740. Marie-Thérèse, n'en voulant pas consentir l'abandon en faveur de la paix, commença la guerre. Elle y souscrivit plus tard et la paix fut faite. L'une des parties avait ainsi atteint son but, et l'autre y avait renoncé.

Dans la seconde campagne de Silésie, Frédéric voulut assurer sa conquête, tandis que ses ennemis cherchaient à lui enlever cette province. Ils ne réussirent pas dans leur dessein, et le roi ayant atteint son but par la guerre, il en résulta la paix.

La Prusse et l'Autriche prirent en 1806 et en 1809 les armes pour sauver leur indépendance contre la France. La guerre les ayant forcées à renoncer à leur dessein, les paix de Tilsitt et de Presbourg suivirent cette renonciation.

En 1811, la Russie, voulant étendre ses provinces méridionales jusqu'au Danube, déclara la guerre à la Turquie. Mais attaquée elle-même par les Français en 1812, elle dut renoncer à son dessein et conclure la paix avec les Turcs.

Napoléon voulut en 1815 reconquérir son empire, tandis que les puissances alliées voulaient garantir la paix de l'Europe. Napoléon dut renoncer à son dessein après la bataille de Waterloo, les alliés avaient atteint leur but et la paix régna de nouveau.

Les Polonais se soulevèrent en 1831 contre les Russes, dont la domination leur était intolérable. Les Russes frappèrent les Polonais, emportèrent Varsovie d'assaut et prirent de nouveau possession du pays. La guerre pouvait ne pas cesser pour ce motif, mais les Polonais se soumirent et la paix se rétablit.

La Belgique, en 1830, après la révolution de juillet, se détacha de la Hollande qui dut évacuer les provinces belges et laisser prendre la citadelle d'Anvers en 1832. Cette puissance ayant accédé aux arrangements européens, la paix fut maintenue.

Méhémet-Ali se révolta en 1840 contre la Turquie, et menaça de fonder un nouveau royaume en Orient. L'Angleterre, la Russie, l'Autriche et la Prusse, croyant ne pas pouvoir accéder à cette détermination, conclurent la quadruple alliance du 15 juillet, dont la France resta exclue. La France faisant pour ce motif des armements, une guerre générale paraissait imminente ; mais Méhémet-Ali s'étant soumis après la prise de Saint-Jean d'Acre, la paix dure encore.

Le but de la guerre paraît souvent à l'ouverture des hostilités très-clair et très-simple ; mais il ne conserve pas toujours ce caractère dans le cours de la campagne. Le proverbe : « l'appétit vient en mangeant » est surtout applicable à la guerre de conquêtes. Napoléon n'était pas éloigné de conclure la paix après la bataille d'Iena, à des conditions très-acceptables pour la Prusse ; la nouvelle de la prise de Magdebourg lui faisant changer subitement ses vues, il haussa considérablement ses prétentions et la guerre fut continuée.

Les guerres causées en partie par l'ambition sont les plus acharnées, tel était le caractère de la plupart des guerres de Napoléon. Dans ce cas la victoire nourrissait les causes de guerre, qui n'étaient autres que la domination souveraine sur le continent européen. M. de Canitz dit à ce sujet avec beaucoup de justesse : « La seconde guerre de Pologne, comme Napoléon nommait la campagne de Russie, eût été probablement, en cas de réussite, l'introduction à la première campagne de l'Inde, et le dernier acte de la guerre des Indes eût amené le premier d'une campagne contre la Chine, pour étendre le système continental jusqu'aux côtes de la mer Pacifique et pour introduire dans le département des Bouches-du-Hoangho un préfet français, des douaniers français, des gendarmes et le code Napoléon. »

La victoire d'un parti et la défaite de l'autre ne mettent donc pas toujours fin à la guerre.

Si cependant l'un ou l'autre parti renonce *complétement* à son projet, que ce soit la conquête ou la résistance, la guerre cesse à l'instant même.

La fin ou la continuation de la guerre dépend encore de circonstances politiques, personnelles ou financières. La mort de l'impératrice Élisabeth termina, par exemple, la guerre contre Frédéric II, parce que le motif qui lui avait donné naissance n'existait plus. La fine politique de Richelieu pencha, pendant la guerre de trente ans, tantôt du côté de la Suède, tantôt vers l'Autriche. Le parti auquel les finances font défaut doit conclure la paix, car le proverbe « que la guerre doit nourrir la guerre » n'est vrai que pendant un certain temps.

Les vues personnelles du chef peuvent aussi exercer leur influence sur la durée ou la fin de la guerre. Ainsi, d'après ce que dit Frédéric II dans l'*Histoire de mon Temps*, le duc de Cumberland serait par-

venu par son ambition à rallumer, en 1756, la guerre
entre l'Angleterre et la France. La bataille de Has-
tenbeck refroidit cette ambition, le duc renonça à
ses plans et conclut la convention de Klosterseven.
Elle ne mit pas fin à la guerre, mais elle en changea
les motifs.

Le duc de Buckingham parvint, uniquement par
sa haine personnelle et privée contre le premier ministre de France, à entraîner Charles Ier à la guerre
contre les huguenots. Après la guerre de la succes-
sion d'Espagne, la reine Anne conclut la paix d'Utrecht
sur des motifs très-légers.

Que l'on se souvienne, par exemple, de l'influence
d'une madame de Maintenon sur les intentions guer-
rières de Louis XIV.

Dans la guerre austro-française que la paix d'Aix-
la-Chapelle termina en 1748, les Autrichiens n'a-
vaient originairement d'autre but que d'obtenir
l'héritage de la reine Marie-Thérèse et de placer la
couronne de l'empire d'Allemagne sur la tête de son
époux. Ayant atteint ce but, ils ne conclurent cependant pas la paix, parce que le goût des conquêtes
leur était venu, etc.

Les guerres où le but et le moyen se confondent
ont encore un caractère particulier, car ici il s'agit de
combattre les idées d'un seul individu, ce qui n'est
pas toujours facile. Des caractères de la trempe de
celui de Charles XII, de Frédéric II et de Napoléon, ne renoncent pas facilement à l'idée qu'ils ont
conçue, et lorsque l'ambition vient s'y joindre, la
guerre peut durer des années entières, uniquement
pour la guerre.

Le cas peut aussi se présenter que l'idée de toute une nation doit être combattue, et des guerres de cette nature sont souvent très-sanglantes, surtout entre des nations puissantes.

Les guerres de l'Autriche en 1809 et de la Prusse en 1813 n'ont été entreprises que pour sauver leur indépendance; la nation entière en reconnut la nécessité et ne se refusa à aucun sacrifice.

Les guerres de religion appartiennent également aux guerres de cette catégorie.

5. CONSÉQUENCES IMMÉDIATES.

Il est évident que pour atteindre le but de la guerre, l'ennemi doit être réduit à une situation qui ne lui permette pas de s'opposer plus longtemps à la réalisation de nos vues; il doit être forcé à admettre les conditions auxquelles il ne voulait pas consentir avant la campagne sans avoir tenté le sort des armes. En d'autres mots, l'adversaire doit regarder la continuation des hostilités comme un mal beaucoup plus grand que la conclusion de la paix sous conditions; de deux maux, il choisira donc le moindre, c'est-à-dire qu'il conclura la paix et satisfera à nos prétentions.

Mais qui peut donner à l'adversaire la connaissance de l'état réel de cette situation? C'est un point où la vérité et l'apparence se touchent de très-près. De même que dans la vie civile bien des gens considèrent leur position comme désespérée, quoiqu'il n'en soit rien, de même, dans la vie des États et dans le cours d'une guerre, on se fait illusion. Cela dépend grandement des caractères.

La position de Frédéric II avant la bataille de Leuthen était réellement très-fâcheuse; mais le grand roi ne renonça pas, pour ce motif, à la guerre.

La situation de Carthage dans la troisième guerre punique était très-critique, mais les conditions auxquelles les Romains dictèrent la paix étaient encore plus dures que la situation, de sorte que les Carthaginois préférèrent continuer la guerre, quoi qu'il pût arriver, afin de ne pas souscrire eux-mêmes à leur propre ruine. Quoique réduits à défendre leurs seuls murs, ils combattirent encore pendant trois ans de la manière la plus héroïque; ils finirent par succomber, il est vrai, mais avec gloire et en léguant à la postérité l'exemple le plus sublime.

La position de la Russie avant la paix de Tilsitt était très-mauvaise. L'armée presque dissoute, mal commandée, sans magasins dans un pays épuisé et sans espoir de renfort, avait perdu le génie des combats; dans de telles circonstances, il y avait peu à espérer de la continuation de la guerre, on conclut la paix. Mais le critique impartial se demandera si la situation de la Russie après la bataille de Friedland était beaucoup plus mauvaise qu'en 1813 après celle de la Moscowa? D'une manière relative, oui; d'une manière absolue, non! Si, en 1807, on eût été porté à ne tenter que la moitié des efforts qui furent réalisés en 1812, on eût pu continuer la guerre avec quelque espoir de succès et éviter ainsi une paix honteuse. Car la position de Napoléon au Niémen en 1807 n'était pas très-brillante, mais il sut la cacher et imposer à son adversaire.

Il s'agit donc simplement de mettre son adversaire dans une position qui lui paraisse très-fâcheuse, sans qu'elle doive l'être pour cela ; ce cas se présente toutes les fois que l'on domine l'adversaire par l'intelligence. Cette supériorité intellectuelle ou, pour parler sans déguisement, de bons généraux, sont un des principaux moyens d'atteindre le but de la guerre, car le général médiocre opposé à un bon se voit souvent déjà battu en imagination. Celle-ci l'emporte dans ce cas souvent sur la réalité !

Il arrive cependant que la situation de l'un des partis est tellement mauvaise qu'il est préférable de conclure la paix à tout prix plutôt que de prolonger la guerre. Telle était la position de la Suède en 1809. La nation divisée en deux partis voyait l'ennemi au cœur du pays ; il était donc plus prudent d'en sacrifier une partie, la Finlande, que de courir la chance de perdre tout le royaume, en continuant les hostilités.

Un des exemples les plus frappants de l'histoire, qui montre combien on peut méconnaître sa position, c'est la paix de Vienne en 1809, où un État, avec une armée de 200,000 hommes, s'humilia devant un ennemi, momentanément victorieux, il est vrai, mais qui n'excédait pas en force l'autre armée. Le pays et les troupes offraient une foule de moyens de continuer la guerre, mais on avait perdu toute bonne opinion de ses propres forces. Nous voyons par ce fait l'immense puissance de l'opinion, ce que valent le caractère, la grandeur d'âme et la puissance intellectuelle d'un général en chef, et combien il importe de ne pas perdre la foi en soi, ni d'estimer trop haut la supériorité morale de l'adversaire.

Pierre le Grand disait, à l'occasion de sa guerre contre Charles XII : « Mon frère Charles me battra aussi longtemps qu'il m'ait appris à le battre. »

Frédéric II offre sous ce rapport un modèle accompli. Entouré de toutes parts et menacé par ses ennemis, dépouillé par leurs mains de la plus grande partie de ses États héréditaires, considéré par toute l'Europe comme irrévocablement perdu, le roi, dans sa grandeur héroïque, ne chancela pas, et ne montra jamais moins de condescendance que précisément lorsqu'il avait le plus de motifs de le faire. Jamais les rigueurs du Dieu des combats ne réussirent à lui faire lâcher volontairement un seul village de ses États.

Cette grandeur de caractère fut l'unique salut du roi, elle ne le quitta pas un instant jusqu'à la fin glorieuse de la guerre, lorsqu'il eut atteint complétement son but.

Marie-Thérèse ne put s'élever à cette hauteur. A la dissolution de la coalition, calculant à la manière ordinaire que n'ayant pu, à l'aide de la coalition, réussir à vaincre le roi, il lui serait encore moins possible de le faire sans cette assistance, elle préféra conclure la paix et perdre la Silésie. Il se peut aussi que la conviction que le feld-maréchal Daun n'était pas l'homme à opposer au roi pour essayer une résistance de longue durée, n'ait pas été sans influence sur la conclusion de la paix.

Si, d'après ce qui précède, les efforts dans une guerre doivent tendre à réduire l'adversaire à une situation telle qu'il préfère accepter la paix sous les conditions posées, à continuer la guerre, il s'ensuit réciproquement qu'il est d'une haute importance pour cet adversaire de ne pas s'abuser, à ses propres dépens, sur sa situation. La personnalité du chef de l'État et la grandeur de caractère du général en chef ont une voix décisive sur ce sujet ; le bon vouloir de la nation et son empressement à s'imposer des sacrifices sont de puissants auxiliaires. Plus l'esprit public et la force morale d'un État sont énergiques, et plus un tel État mettra de persévérance dans une guerre même malheureuse.

On ne doit donc pas renoncer à la guerre alors même que l'ennemi se serait emparé de la plus grande partie du pays, car une province n'est réellement perdue que lorsqu'un traité de paix formel s'en est désisté. On ne doit pas renoncer à la guerre, aussi longtemps que l'armée n'est pas totalement défaite, ni aussi longtemps qu'elle renferme encore un seul vrai général.

Mais on *doit* finir la guerre et conclure la paix lorsque l'armée est anéantie et lorsque parmi les généraux il ne s'en trouve plus un qui ose risquer, sous le rapport intellectuel, d'entrer en lice avec le général ennemi.

La Pologne dut en 1831 cesser les hostilités, parce qu'elle-même s'était soumise, quoique ayant encore une faible armée ; mais elle n'avait plus de général et la trahison avait déchiré son sein.

4. DÉCLARATION DE GUERRE.

Il doit être démontré, d'après l'exposé précédent, que toutes les guerres ne sont pas précédées d'une déclaration de guerre, selon que la politique juge plus ou moins utile de cacher les vraies causes des hostilités, ou d'en prétexter d'autres ; parfois aussi afin de ne pas alléguer de motif et de pouvoir tomber à l'improviste sur l'adversaire.

Quelquefois l'une des parties publie un manifeste qui doit initier le monde aux causes de la guerre, mais de tels manifestes n'énoncent pas toujours la véritable intention politique. Sous ce rapport, le manifeste prussien de 1806 fait exception. Il déclare sans détours que l'arrogance de la France ne peut être tolérée plus longtemps et que l'honneur de la nation exige impérieusement le recours aux armes.

La France exigea en 1757 le libre passage à travers le Hanovre, sinon elle devait se le frayer les armes à la main. Le passage fut refusé, et ce refus fut considéré comme une *déclaration de guerre* du Hanovre.

La violation d'une neutralité remplace presque toujours une déclaration de guerre. Les Français marchèrent en 1805 à travers la domination neutre de la Prusse, mais cette puissance avait des motifs pour ne pas considérer cette violence comme une déclaration de guerre.

Une neutralité armée est une demi-déclaration de guerre qui évite la peine de dénoncer l'autre moitié.

CHAPITRE DEUXIÈME.

DES RAPPORTS DE LA STRATÉGIE AVEC LA POLITIQUE.

1. GÉNÉRALITÉS.

De toutes les entreprises possibles d'un État, la guerre constitue l'acte le plus sérieux et le plus gros de conséquences. Il faut donc délibérer mûrement avant de s'y décider, et peser si les maux de la guerre ne seront pas plus grands que ceux qui résulteraient du maintien de la paix aux conditions dictées par l'État ennemi. En un mot, celui qui commence une guerre doit avoir pour lui la probabilité de la conduire à bonne fin.

Mais il est excessivement difficile d'acquérir la conviction de cette probabilité, parce que les illusions sont aussi nombreuses ici que dans la vie civile. Il

serait aussi dangereux de trop présumer de ses forces, qu'il serait ignominieux de les déprécier avec
pusillanimité. Mais quel est le terme de comparaison
entre ces deux extrêmes?

Ordinairement la politique se croit seule apte à
décider si l'on doit entreprendre ou éviter la guerre.
Il est toutefois facile de concevoir que la stratégie
(comme pouvoir militaire exécutif) devrait aussi avoir
dans ce cas voix au chapitre; non-seulement parce
que la stratégie doit *faire* la guerre, tandis que la
politique se borne à la *préparer*, mais encore parce
qu'il faut avant tout estimer et juger avec beaucoup
de précision les forces militaires opposées, ce que le
stratége fera évidemment mieux que le diplomate. Il
est même de toute nécessité de ne pas se borner aux
connaissances vulgaires de l'art militaire, si l'on veut
faire à fond les préparatifs d'une guerre, et bien en
ordonner les dispositions les plus importantes.

On ne peut donc obtenir les meilleurs résultats que
lorsque le général en chef qui doit faire la guerre est
aussi appelé au conseil.

Il s'ensuit réciproquement que le général en chef
doit aussi bien connaître la politique que les motifs
qui décident la guerre, s'il veut prendre des mesures
exactes pour en atteindre le but.

2. MOMENT FAVORABLE POUR COMMENCER LA GUERRE.

Tous les moments n'étant pas également favorables
pour entreprendre une guerre, il est nécessaire de les
examiner bien soigneusement avant de décider les
hostilités.

La première question à traiter, c'est de savoir s'il est encore possible de faire disparaître à l'amiable, par la voie diplomatique, les mésintelligences survenues entre deux États, ou si ces démêlés ne peuvent être vidés que par les armes?

La politique répond, comme il a été dit, à cette question et appelle, si elle agit raisonnablement, la stratégie à son aide pour savoir si la guerre reconnue nécessaire par la politique peut être conduite militairement à bonne fin et comment elle pourra l'être.

S'il faut encore des préparatifs qui demandent du temps, c'est l'affaire de la politique de gagner ce temps par des négociations bien conduites. Mais une politique forte ne se fera pas illusion, elle ne nourrira pas, sans motif, l'espoir de prévenir par des négociations un conflit qui ne peut être tranché que par les armes.

Dans ce cas encore la politique de Frédéric II est un modèle à suivre.

Le roi, n'ayant aucun espoir de dissiper pacifiquement les mésintelligences au moment de la guerre de Silésie, tira *le premier* l'épée, avant même que la coalition ne pût marcher contre lui d'une manière décisive.

Le moment propice pour faire une déclaration de guerre est donc d'une haute importance ; et il n'est pas moins important pour la partie adverse de bien pénétrer le but des armements de la puissance ennemie.

Ainsi, lorsque Frédéric II résolut la conquête de la Silésie, il ne dénonça la paix que quand son armée était déjà en marche, et la déclaration de guerre ne fut faite à Vienne que lorsque l'armée étrangère foulait déjà le sol ennemi. Cette mesure était dictée à la fois par la politique et par la stratégie, car à cette époque la Silésie, faiblement occupée, était facile à conquérir. Si le roi avait déclaré la guerre plus tôt, les Autrichiens eussent trouvé le temps et l'occasion de se mettre en garde en Silésie, et la conquête n'en eût pas été aussi facile.

La politique russe en agit de même contre la Suède en 1809. La défense héroïque des Suédois rend très-problématique la question de savoir si les Russes eussent encore conquis la Finlande, après avoir laissé le temps aux Suédois de s'armer.

L'Autriche tint une conduite différente la même année. Cet État attendait depuis longtemps et passionnément le moment opportun pour se soustraire à la tutelle de la France. Cet instant se présenta en 1809. La France était occupée en Espagne et ses armes y avaient subi un échec. L'Autriche saisit cet instant propice et prit à la fois les dispositions les plus parfaites. Le peuple se décida avec joie aux plus grands sacrifices, l'enthousiasme prit feu et l'Europe entière vit avec de grandes espérances une guerre qui ne pouvait être faite à un moment plus favorable. L'Allemagne était à peine occupée par 50,000 Français, disséminés sur une ligne très-étendue ; les princes de la Confédération du Rhin firent espérer qu'ils prendraient fait et cause aussitôt que quelques victoires auraient rendu leur détermination possible.

Jusque-là les choses étaient au mieux, mais alors la politique, prenant les rênes en main, vint tout gâter.

Le cabinet de Vienne perdit un temps très-précieux

en négociations stériles; Napoléon, au contraire, sut les traîner en longueur et retenir les Autrichiens jusqu'à ce qu'il eût réuni ses forces.

Ainsi, au lieu d'écharper les forces françaises par une vigoureuse et soudaine irruption, afin de porter sans retard la guerre au cœur même du pays ennemi, on fût bientôt réduit à une guerre défensive sur son propre sol. L'inhabileté de quelques généraux augmenta le mal, et toute cette levée de boucliers n'aboutit qu'à une paix des plus honteuses.

Les alliés déclarèrent la guerre à Napoléon à son retour de l'île d'Elbe; il devait d'autant mieux s'y attendre, qu'il ne pouvait ignorer qu'on ne le laisserait pas remonter sur le trône impérial sans recourir aux armes. Tandis que les forces de Napoléon croissaient comme par enchantement, celles de ses adversaires n'augmentaient que par étapes. Le temps s'écoula ainsi en préparatifs, que l'on crut toujours insuffisants jusqu'à ce que l'ennemi nous attaquât lui-même en Belgique; et si la victoire a couronné notre œuvre, la Providence et la bravoure des troupes y prirent plus de part que la bonté des combinaisons.

La politique combinée avec la stratégie a toujours commencé toutes les guerres d'invasion de Napoléon; celle de Russie elle-même était parfaitement préparée; les fautes ne commencèrent qu'au delà du Niémen.

Un autre élément encore doit influencer les décisions de guerre, et son importance exige qu'il ne soit jamais négligé. C'est la *personnalité de l'adversaire*. A cet élément se rapportent la connaissance du caractère du monarque ennemi, celle de l'opinion et des procédés de son cabinet, de l'habileté de ses généraux, des dispositions de son peuple, en un mot la connaissance de toute la puissance morale de l'État avec lequel on est en désaccord.

Un caractère fier, doué de génie militaire, placé à la tête d'une armée solide et d'un peuple énergique, n'est pas facile à amener à satisfaire à nos prétentions. Un cabinet faible se laisse abuser jusqu'à ce qu'il soit trop tard. C'est l'inspiration d'une *fausse politique* qui n'est généralement due qu'aux vues erronées d'un seul individu, monarque, ministre ou général.

———

Ces considérations portent à admettre le procédé militaire comme le meilleur pour préparer la guerre. Ainsi l'Autriche, en ouvrant en 1809 *immédiatement* la campagne, comme le désiraient ses généraux au moment où l'armée était complétement préparée au combat, au lieu de laisser le cabinet retarder la déclaration de guerre, eût, selon toute apparence, sauvé l'honneur de ses armes et changé le sort futur de l'Europe.

Les préparatifs trop compassés de la politique entraînent souvent des conséquences fâcheuses pour la guerre.

Il ne peut être question ici ni de *droit*, ni de *violation*. Obéir à la voix du droit, ce serait le plus souvent sacrifier tous les avantages militaires, tandis qu'en renonçant au respect du droit pour s'appuyer sur la puissance militaire de son armée, on s'ouvre la plus brillante perspective sur l'heureuse issue de la guerre ; il est vrai que tous les États qui tentent le sort des armes se bercent du même espoir.

Outre la politique et la stratégie, la force morale de la nation forme donc l'élément le plus influent dans toute entreprise de guerre.

3. PRÉPARATION LA PLUS FAVORABLE DE LA GUERRE.

Nous venons de poser le principe que la meilleure introduction à une guerre consiste en *préparatifs militaires*. M. de Tiedemann est d'opinion que « la manière la plus injuste de préparer une guerre est militairement la meilleure. » Cette phrase, un peu âpre dans sa forme, est vraie au fond. Mais il ne faut pas vouloir mesurer les questions du bien ou du mal d'un État à l'échelle du juste ou de l'injuste des relations civiles. L'adversaire, connaissant comme nous la vérité de cette maxime, est averti et ne peut s'en vouloir qu'à lui-même s'il est assez imprévoyant pour se laisser surprendre. Ce serait, en effet, une folie de renoncer à tous les avantages militaires que nous donnerait la violation prématurée du droit, pour se donner la satisfaction de le respecter quelques semaines de plus.

Le meilleur mode de préparation d'une guerre consiste toujours à induire le mieux possible l'ennemi en erreur sur nos projets et nos armements ; aussi les meilleurs préparatifs de guerre sont-ils ceux qui l'auront pris le plus à l'improviste.

De grands armements devant précéder toute guerre, le premier jour de la mobilisation d'une armée est réellement le premier jour d'une déclaration de guerre. Quoique de tels armements ne puissent rester ignorés, une politique habile parviendra à endormir l'État contre lequel ils sont dirigés, au point de lui faire croire qu'ils sont destinés à agir contre une autre puissance.

Telle fut la conduite de l'Angleterre en 1807 contre le Danemark qui, ainsi que le monde entier, savait qu'une flotte anglaise s'équipait. Mais le cabinet de Saint-James maintint cet État dans la préoccupation que cette flotte avait une partie du nouveau monde pour destination, et ce ne fut que le bombardement même de Copenhague qui apprit aux Danois épouvantés qu'ils avaient été dupes d'une ruse (1). L'amiral anglais lui-même n'avait eu connaissance de sa mission qu'en pleine mer par un ordre scellé, dont le cachet devait être respecté jusqu'au milieu des flots.

Une des appréciations les plus difficiles de la politique sera en tout temps de démêler avec exactitude la véritable destination d'un armement ennemi.

Lorsqu'à la suite de cette appréciation on a *résolu la guerre,* la vie de l'État entre dans une nouvelle période; celle de la préparation par la politique est

(1) L'auteur eût trouvé dans la campagne de Marengo en 1800 une surprise moins déloyale, quoique incomparablement plus difficile. Rassuré par le cabinet de Vienne au sujet de la fabuleuse armée de réserve qui s'assemblait à Dijon, le général Mélas n'apprit que le passage du Saint-Bernard avait été forcé par Bonaparte, à la tête de 40,000 hommes et 5,000 chevaux, que lorsqu'il était déjà entièrement tourné. A cette cruelle surprise, le général autrichien vit bientôt s'en joindre une seconde, celle de se voir enlever la ligne du Pô par les seules combinaisons de la stratégie et un simple combat d'avant-garde. (*Trad.*)

passée pour faire place aux préparatifs réels de guerre.

Cette distinction n'amoindrit nullement la grande utilité de faire des préparatifs directs à la première apparence de guerre ; ceux-ci sont même une nécessité réelle, pourvu qu'on puisse les cacher à l'ennemi ou le tromper sur leur but ; car la démonstration de préparatifs équivaut à une déclaration de guerre formelle.

CHAPITRE TROISIÈME.

PRÉPARATIFS DE GUERRE.

---

1. GÉNÉRALITÉS.

L'on distingue les *préparatifs* de guerre de la préparation ou *constitution* de la guerre. Celle-ci devrait, d'après la logique de la politique militaire, être suivie sans retard par les préparatifs, ou même les voir marcher de pair avec elle.

Les préparatifs sont de deux espèces : les uns *extérieurs*, les autres *intérieurs*.

Les préparatifs extérieurs ressortissent à la politique, et les préparatifs intérieurs à l'administration militaire.

2. PRÉPARATIFS EXTÉRIEURS.

Ils ont pour objet de tremper le mieux possible nos propres forces, et d'émousser celles de l'ennemi.

On atteint le premier but par des alliances avec d'autres États, ou tout au moins par des négociations qui nous assurent leur neutralité, afin d'éviter de les voir augmenter les forces de l'adversaire.

La défection des alliés de l'ennemi conduit au second résultat.

Les moyens de réaliser ces intentions sont exclusivement du domaine de la politique, l'homme de guerre n'a rien à y voir.

Les résultats de ces négociations prennent le nom d'alliances offensives ou défensives, de traités de commerce ou de subsides, de déclaration de neutralité, etc.

Comme il serait peu utile d'entrer dans des détails sur ces objets, nous passerons aux préparatifs intérieurs ou directs.

5. PRÉPARATIFS INTÉRIEURS.

Les préparatifs intérieurs, étant de nature militaire, nous intéressent beaucoup plus directement que les préparatifs extérieurs.

Considérés à un seul point de vue, ils peuvent se classer comme suit :

1° Mettre l'armée sur pied de guerre et la mobiliser ;

2° Faire les différents approvisionnements de guerre et assurer l'administration des vivres, hôpitaux, etc.;

3° Mettre les places fortes en état de défense et consolider la défense territoriale ;

4° Pourvoir aux pertes éventuelles de l'armée au moyen d'un bon système de recrutement et en assurer les renforts ;

5° Préparer le théâtre de la guerre;

6° Projeter un plan d'opération convenable pour la première campagne.

Tous ces points doivent fixer l'attention aussitôt que la guerre est décidée, sous peine de rendre par l'abandon de l'un ou de l'autre l'issue des hostilités douteuses dès le début de la campagne. Toute négligence antérieure devient d'autant plus dangereuse, que le temps ou l'occasion manquent pour y pourvoir ensuite.

Il s'agit donc de se préoccuper avec soin de l'ordre d'après lequel ces préparatifs doivent se suivre, afin de n'en précipiter ou négliger aucun.

La constitution même de l'armée d'un pays doué d'une bonne organisation militaire comprend la plupart de ces préparatifs, qui ne peuvent tous être faits à l'avance faute d'argent ou même de possibilité. Ainsi ce serait une prodigalité bien inutile que de conserver attelés en temps de paix tous les équipages et il serait également difficile d'amonceler à cette même époque les approvisionnements que détruisent les ravages du temps.

Les préparatifs doivent donc s'engrener convenablement et réclamer surtout une activité des plus constantes.

La vie de l'État, avons-nous dit, entre dans une période toute nouvelle.

Faisant usage d'une comparaison tirée des mathématiques, l'on peut dire : « qu'en égalant sur le pied de paix toute la vie politique-militaire d'un État à une quantité, elle sera, par le passage au pied de guerre, portée à une puissance dont l'exposant croît non par l'addition, mais par la multiplication des simples éléments. »

La véritable puissance exponentielle est de nature toute *morale*, et tout citoyen d'un État qui entreprend une guerre, du général en chef au dernier soldat du train, doit saisir de tout cœur l'idée de la guerre et multiplier de toute la puissance de son âme l'ensemble des forces individuelles appelées à la vie. L'énergie et l'activité sont les facteurs les plus importants de l'état de guerre; l'insouciance et l'indolence en violent l'essence fondamentale. Aussi un poëte allemand dit-il avec justesse :

> La guerre est l'été le plus fécond de la vie de l'homme.

Les deux premières dispositions préliminaires mentionnées plus haut, appartenant à l'administration de la guerre, n'ont pas d'intérêt direct avec le contenu de ce volume. Le rapport intime des quatre autres avec la stratégie exige qu'on leur consacre quelques développements.

a. *Mise en état des places fortes et organisation de la défense territoriale.*

Il convient de résoudre au préalable la question de l'utilité des forteresses. La solution affirmative entraîne la justification de toutes les dépenses que nécessite leur entretien en temps de paix, car il est moins dangereux de manquer de places fortes que de les mal entretenir.

Les campagnes de 1806 et 1807 en Prusse et de 1814 et 1815 en France ont fourni aux adversaires des frais d'entretien des places fortes beaucoup d'arguments, plus spécieux cependant que réels : car par cela même qu'il n'avait rien été fait pour ces places, elles ont dû succomber, alors surtout que plusieurs officiers qui les commandaient ne firent pas leur devoir. De là vint l'opinion erronée que chaque franc employé à une place est un franc perdu.

D'un autre côté il n'y a pas de luxe plus dispendieux que celui qu'on peut étaler par les places fortes, aussi le vrai terme moyen consiste-t-il à user de modération sans lésinerie.

On est ainsi conduit à admettre la maxime suivante, en vue des préparatifs de guerre : « Examinez avec soin l'utilité et la proportion des places, et entretenez en parfait état celles que vous aurez reconnues nécessaires. »

Il arrive souvent qu'une place n'est pas armée avant l'imminence d'un siége et alors il est souvent trop tard. Afin d'éviter ce danger on a coutume de diviser les forteresses en classes selon l'importance de leur position. Quoique chaque État admette des règles différentes sur ce sujet, les places de première classe sont ordinairement entretenues même en temps de paix sur un pied tel, qu'elles puissent être mises en vingt-quatre heures en état de défense ; celles de deuxième classe peuvent manquer de certains attirails, sous la réserve de les en pourvoir à la première rupture de la paix ; enfin les places de troisième classe ne sont entretenues que pour qu'elles ne se délabrent pas.

Les places fortes des frontières rangées ordinairement dans la première classe ne doivent subir aucun changement qui soit de nature à éveiller l'attention et à trahir des intentions de guerre. Mais dès que celle-ci est déclarée, la plus grande activité doit régner dans toutes les places fortes qui peuvent avoir des rapports tactiques ou stratégiques avec les opérations, afin de mettre d'abord les fronts d'attaque en état de défense et d'armer aussi les autres fronts, de manière que toutes celles de la première et de la seconde ligne puissent dans les vingt-quatre heures résister à une attaque de vive force.

Outre les places, la défense du territoire exige l'armement de certains points que l'on fortifie au début de la guerre : tels sont les camps retranchés destinés à recevoir l'armée en cas d'échec dans la première bataille, ou à ralentir la marche de l'ennemi pour ne pas attirer au premier moment le danger sur les places fortes voisines. L'on peut ranger dans cette catégorie le célèbre camp de Bunzelwitz, près de Schweidnitz, dans la guerre de sept ans ; les camps de Wartha et de Spandau en 1813 ; celui de Maubeuge en 1815, qui ne servit pas aux Français, etc.

Napoléon attachait un haut prix à de telles positions fortifiées : têtes de pont, retranchements, etc.; et en 1812, au moment même de son entrée en campagne, il fit travailler aux ouvrages de Mayence. Les têtes de pont de Thorn et de Praga, près de Varsovie en 1807 ; les fortifications de Kehl, d'Augsbourg, de Friedeberg, et plus tard celles de Passau, de Wittemberg, etc., justifient cette assertion. Plus tard il négligea ce principe, mais l'abandon qu'il en fit lui coûta cher en Russie et en France, et contribua à sa ruine. Une bonne tête de pont, d'après le système Rogniat, établie à la Bérésina, parce que celle de Borissow était insuffisante, aurait probablement prévenu la catastrophe.

Les Autrichiens ont souvent pratiqué cette maxime; par exemple en 1809, par les camps de Prague et de Komorn.

L'organisation opportune et convenable de l'armement national forme également un appui de la défense du territoire. Plusieurs États l'ont déjà régularisé sur le pied de paix par leurs milices nationales du premier et du second ban et de la levée en masse, et presque toutes les puissances européennes entrent peu à peu dans cette excellente voie. Des ordonnances récentes l'ont établi en Bavière, et même en France des voix s'élèvent journellement pour y faire adopter le système des milices avec toutes ses conséquences; les Anglais seuls font exception et paraissent contraires à cette organisation par suite d'abus scandaleux.

b. *Préparatifs qui assurent les renforts à l'armée.*

On pourvoit généralement aux pertes de l'armée active par une institution connue sous le nom de *dépôts*, que nous examinerons de plus près.

Les Français ont su tirer un parti tout nouveau des dépôts, et ont renversé le principe admis jusqu'alors que la distance de la frontière du pays vainqueur et la force numérique de son armée limitaient l'étendue des conquêtes. D'accord avec cette maxime, l'armée envahissante était forcée, pour couvrir les provinces conquises, à détacher des garnisons considérables dans les grandes villes, dans les places et sur d'autres points importants, ce qui finissait par l'affaiblir au point de devoir s'arrêter ou renoncer à l'offensive.

Les Français détruisirent les premiers cet obstacle en disposant des dépôts pour former les garnisons des pays conquis et en y organisant des routes militaires que gardaient des troupes réparties de point en point nommés *étapes*. Chaque étape avait son commandant et sa propre garnison, composée ordinairement de jeunes troupes dont le service consistait à couvrir les places et à protéger les convois, ce qui les amenait à apprendre ainsi graduellement leur métier. Ces garnisons étaient alors relevées par des forces tirées de l'intérieur du pays, et les soldats ainsi remplacés, après avoir été suffisamment exercés, allaient renforcer l'armée active.

On fit en 1807, à Baireuth, un premier essai de ce système, que l'on perfectionna ensuite beaucoup en Espagne, où toutes les étapes finirent par former des postes fortifiés afin de se mettre à l'abri des attaques des guérillas.

Peu à peu le nouveau système de guerre a érigé en principe, qu'il fallait combiner le système d'étapes avec celui des dépôts, pour jouir du double avantage :

1° D'assurer les renforts à l'armée, et

2° De prévenir les insurrections sur les derrières et d'avoir à se préoccuper moins de la sûreté des convois.

En admettant que les renforts de l'armée active demandent que les dépôts comprennent environ le sixième de son effectif, le système d'étapes l'élèvera probablement au quart, dont deux douzièmes seront exercés pour rejoindre l'armée et un douzième pour former le noyau du dépôt.

Il incombe à l'état-major général de tracer la ligne d'étapes, d'en établir les lieux et d'y conformer les marches. A cet effet on admet en principe qu'il faut à chaque dépôt trois mois de temps pour habiller et exercer ses recrues d'infanterie, et six mois pour celles de la cavalerie et de l'artillerie.

Les magasins pour les milices nationales doivent être combinés avec ce système, et leur emplacement doit être choisi d'après des considérations communes de stratégie et d'administration, et même d'après leur position tactique.

c. *Préparation du théâtre de la guerre.*

Quoique prises souvent comme synonymes, les expressions *théâtre de la guerre* et *théâtre des opérations* sont aussi différentes que les mots *théâtre* et *scène* dans le langage ordinaire, où l'on entend par théâtre l'ensemble du bâtiment dont la scène ne forme qu'une partie. Il en est de même ici. Par exemple le théâtre de la guerre entre la Prusse et la France comprend les provinces rhénanes, la Westphalie, la Thuringe, etc., mais il est évident que les environs de Trèves seront beaucoup plus tôt le théâtre des opérations, en cas de guerre entre ces deux puissances, que la contrée voisine de Munster ou d'Erfurt. On peut aller encore plus loin dans ces restrictions, et les étendre jusqu'à la simple zone où scène; l'expression que sur tel ou tel point s'est passée telle scène de guerre est donc parfaitement logique.

Tout grand État possède évidemment plus d'*un* théâtre de guerre. La France en offre un contre l'Espagne, un autre contre l'Italie et l'Autriche, un autre encore contre la Belgique et la Prusse ou contre la Belgique et l'Angleterre, etc. La Prusse en présente contre la Russie, contre l'Autriche, contre la France, etc. C'est à ces théâtres que s'appliqueront les développements sur les préparatifs.

A vrai dire, tous les théâtres de guerre d'un État devraient être également préparés à l'origine d'une guerre, parce que l'on ignore où elle transportera ses opérations. Ainsi les environs du Niémen, tout en n'appartenant pas au théâtre de la guerre entre la Prusse et la France sont devenus la zone des opérations de 1807. Les premiers coups se portent d'ordinaire sur le théâtre naturel de la guerre.

C'est l'état-major qui prépare le théâtre de la guerre en exécutant toutes les recherches possibles pour en bien fixer les différents rapports militaires. Leurs recherches ont pour objet de déterminer :

1° Les rapports stratégiques d'après le système de places fortes du théâtre de la guerre ;

2° Les rapports tactiques ou le choix de bonnes positions d'après diverses données ;

3° Les rapports topographiques ou la connaissance du terrain, des montagnes et surtout des chemins ;

4° Les rapports statistiques donnant le chiffre de la population, la fertilité du sol et les ressources locales ;

5° Les rapports moraux, soit l'esprit des populations, leurs dispositions, leur attachement au souverain, le ressort de leur caractère, etc.

Toutes ces recherches peuvent et doivent faire l'objet de travaux spéciaux en temps de paix, la perfection des mémoires qui les traitent enrichit le dépôt de la guerre et répond de l'activité d'un état-major solide.

Il n'y a aucune difficulté à faire ces recherches dans son propre pays, et quoiqu'elles soient épineuses quand elles s'étendent sur les contrées voisines, toutes les puissances font des efforts pour compléter ces documents pendant les loisirs de la paix.

Les dispositions prises en faveur du commerce et des relations peuvent facilement gâter un théâtre de guerre; une simple chaussée qui neutraliserait une forteresse, un canal d'un tracé imprudent, peuvent détruire toute une situation militaire. Aussi les ministères du commerce et de l'intérieur ne devraient-ils jamais entreprendre de travail de cette espèce sans l'avis conforme de l'état-major général.

En temps de paix, tous les travaux de l'état-major ont pour objet de préparer insensiblement le théâtre de la guerre, en été par des voyages et des reconnaissances, en hiver par la rédaction des mémoires.

A la rupture de la paix on recherche avec la plus grande activité le lieu et la nature des compléments que demandent les préparatifs du théâtre de la guerre et on y pourvoit dans le moindre délai.

La campagne de 1806 montre jusqu'à quel point ces détails peuvent être négligés, puisque la Prusse, n'ayant pas de connaissances exactes sur le théâtre de la guerre et en ayant méconnu totalement les rapports stratégiques, dut subir une attaque stratégique de revers et se voir anéantir par la perte de la première bataille.

Les préparatifs du théâtre de la guerre doivent comprendre les deux cas d'attaque et de défense, d'une importance égale sinon supérieure pour le dernier.

d. *Rédaction du plan stratégique de la première campagne.*

Lorsque tous les préparatifs de guerre précédents, tant extérieurs qu'intérieurs, sont établis ou au moins mis en œuvre, il est temps de projeter le plan de campagne. On le borne ordinairement à la première, parce que le Dieu des combats déjouerait facilement toute combinaison plus étendue et amènerait la réalisation du proverbe de « Compter sans son hôte... »

Frédéric II lui-même n'allait, dans ses projets, jamais au delà de la première campagne, à laquelle il rattachait ensuite le plan de la seconde. Napoléon, quoique maniant des forces et des moyens gigantesques, ne s'est pas toujours imposé cette réserve, aussi en fut-il puni dans sa guerre de Russie dont le plan pour la première campagne de 1812 était bon, mais auquel il rattacha avec trop de précipitation celui d'une seconde campagne qui le perdit.

Ce plan, formant le criterium de tout le système de guerre, exige par son importance un chapitre spécial, outre les généralités qui suivent.

Les omissions se payant cher dans la suite, le plan de la première campagne doit être en harmonie avec le but final de la guerre et ne pas dépasser les limites d'une réalisation possible, parce qu'il serait insensé d'entreprendre des actes disproportionnés avec le temps, l'espace ou les moyens.

Il s'ensuit évidemment que ni le politique, ni le stratége ne peuvent isolément formuler un tel plan, mais que tous deux doivent y concourir.

Ce plan doit renfermer :

1° Généralement l'indication de l'objet de la première campagne, conformément au but de la guerre;

2° La réunion et la concentration des divers corps de l'armée;

3° La supputation du lieu et de l'époque de la première bataille;

4° Les conséquences probables de cette bataille dans les deux hypothèses de gain ou de perte;

5° La liaison de la seconde campagne à la première.

Ce plan projeté, on expédie les ordres aux généraux et aux chefs de service, on dresse le tableau des marches stratégiques, et la guerre proprement dite commence.

CHAPITRE QUATRIÈME.

INFLUENCE DES PLACES FORTES SUR LES SYSTÈMES DE GUERRE.

---

1. GÉNÉRALITÉS.

Les places fortes ne peuvent nous occuper ici qu'au point de vue de leurs rapports avec la stratégie, et non de leurs rapports techniques avec l'art de l'ingénieur, ni de la nature de leur établissement ou de leur tracé d'après tel ou tel système, etc.; ces différentes connaissances sont supposées acquises.

Les places fortes exerçant une influence très-variée sur la marche des opérations, n'ont pas toutes la même valeur. Le stratége doit les considérer au triple aspect :

1° De leur résistance en général;
2° De leur développement;
3° De leur position stratégique.

Ces trois points, déterminant la valeur positive ou négative d'une forteresse, méritent un examen détaillé.

2. RÉSISTANCE EN GÉNÉRAL.

La place forte qui n'est pas tenable parce que la valeur des ouvrages ne permet qu'une défense faible ou limitée, ou celle qui succombe à un simple coup de main, est stratégiquement plus dangereuse qu'utile, ainsi qu'il est facile de le démontrer.

Lorsque la place forte, sans être tenable, renferme des approvisionnements importants pour l'armée, celle-ci doit se transformer en dragon gardien du trésor, qu'elle ne peut quitter d'un pas sans exposer ses magasins. Plutôt pas de forteresse qu'une pareille.

La place forte qui n'est tenable qu'à l'aide d'une forte garnison, hors de proportion avec son rang, offre le grave inconvénient de soustraire trop de troupes à l'armée active dont elle devient un ver rongeur pour les meilleures forces, qui seront toujours les troupes actives, et plutôt pas de forteresse qu'une pareille.

La place forte destinée par sa position à assurer la réussite d'une opération, en servant, par exemple, de barrière sur nos derrières dans un pas important, qui ne serait pas tenable, jouerait le rôle d'un faux ami sur lequel on compte et qui, le moment venu, nous laisse dans l'embarras. Plutôt pas de forteresse qu'une pareille.

La résistance d'une place comprend des éléments absolus et des éléments relatifs. Les premiers sont du domaine de l'ingénieur, les seconds du commandant de la place et de sa garnison. La prédominance des éléments relatifs peut à l'occasion nous conserver une forteresse qui ne paraît pas tenable. L'histoire des guerres confirme cette assertion par de nombreux exemples, de même qu'elle enseigne aussi que la résistance absolue ne donne aucune garantie pour la résistance réelle. Combien de fois n'est-il pas arrivé que les places les plus chétives ont captivé l'étonnement des contemporains, et éveillé l'admiration de la postérité, par une défense valeureuse due uniquement à un commandant solide et à une garnison pleine de bravoure! D'autres fois d'excellentes places ont capitulé avec honte, parce que le commandant et la garnison ne valaient rien. Il est donc nécessaire de ne pas trop se fier aux calculs de résistance ou de faiblesse d'une place, sans peser avec soin toutes les circonstances accessoires. Il y a des cas exceptionnels où des places réputées mauvaises ont une grande importance stratégique, mais il ne faut pas vouloir généraliser ces cas.

Ces circonstances peuvent se présenter :

1° Lorsqu'une place de cette espèce touche à une forte position à laquelle elle sert d'appui ;

2° Dans la guerre offensive, lorsque le corps ennemi principal est battu et que l'on n'a plus à craindre que les courses de partis isolés, qui ne disposent pas des moyens de siége pour prendre une place ;

3° Dans une guerre nationale, où l'opinion est d'une grande influence, et où le seul nom de place forte donne l'émulation et la sécurité. La pensée que la place forte est encore debout anime le peuple dans ses armements, de même que sa chute l'abat et le démoralise.

Lorsque l'un ou l'autre de ces cas exceptionnels ne se présente pas, il faut tenir au principe que « des places fortes non tenables sont stratégiquement plus nuisibles qu'utiles. »

5. DÉVELOPPEMENT DES PLACES FORTES.

La destination des places réglant ordinairement leur développement, leur gradation suit la série des destinations, mais la stratégie ne s'occupe que de trois grandeurs différentes.

1. La plus petite espèce comprend les places qui défendent des pas et barrent des routes; ce sont le plus souvent de simples forts, tels qu'il s'en présente fréquemment en Italie et en Espagne et en général dans les montagnes, surtout lorsqu'elles forment les frontières des États, comme les Pyrénées, les monts piémontais, les Alpes maritimes, etc.

2. L'espèce moyenne admet les forteresses dites *offensives* ou, avec plus de précision, les places fortes qui servent d'appui à des opérations offensives. Elles se trouvent généralement aux frontières mêmes.

En Belgique, par exemple, les places de Charleroy, de Tournay, etc., appartiennent à cette catégorie dans une guerre contre la France.

Il faut à ces places un certain développement parce qu'elles doivent renfermer toutes espèces d'approvisionnements de guerre, en quantité suffisante pour satisfaire au moins aux besoins d'une première opération. Mais elles ne doivent jamais être érigées en places d'armes ou de dépôt, parce que si la première opération ne réussit pas, elles sont trop exposées à tomber. Y renfermer beaucoup d'attirails, c'est s'exposer à en perdre beaucoup en cas de revers.

3. L'espèce la plus grande comprend les places dites *places d'armes* ou *de dépôt*, destinées à renfermer les grands magasins et les dépôts. On leur donne aussi le nom de *places centrales*. Magdebourg est une place de cette espèce pour la Prusse, quel que soit son ennemi; il en est de même de Cambray, pour la France, etc.

Le développement de ces places intéresse doublement le stratége :

a. Pour y renfermer toute espèce d'approvisionnement;

b. Pour y jeter des corps entiers, lorsque le sort des combats ne permet plus de tenir la campagne.

La première destination réclame un nombre suffisant d'abris vastes, solides et à l'épreuve de la bombe; lorsque, au moment même de la construction de la place, il n'a pas été tenu compte de ces nécessités, on doit y pourvoir aussitôt que la guerre éclate.

La seconde destination réclame des abris analogues pour le logement des troupes, casemates ou casernes à l'épreuve, ainsi qu'une riche dotation en vivres, afin que le corps qui y cherche un refuge, ne force pas la place à se rendre par famine, comme cela est arrivé au corps de Lecocq dans la place de Hameln.

Pour avoir quelque valeur stratégique les forteresses doivent appartenir à l'une de ces trois catégories. De trop petites places sont presque plus mauvaises que de trop grandes, quelle que soit, du reste, la valeur des ouvrages.

Les grandes places, tout en pouvant contenir une forte garnison, ne l'exigent pas toujours pour leur défense, et même l'indice de la science d'un ingénieur consiste à bâtir une grande forteresse pour une faible garnison.

Les grandes places ont toujours cet avantage de forcer l'ennemi à employer une armée entière à leur investissement, tandis que peu de bataillons suffisent pour bloquer les petites. La frontière septentrionale de la France n'est pas à moitié aussi bien défendue par sa ligne de petites forteresses, que l'est la frontière occidentale de la Prusse par les deux places de Cologne et de Coblence.

4. POSITION STRATÉGIQUE.

Une place peut être fort tenable, posséder un développement suffisant et n'avoir cependant aucune valeur stratégique quand la position n'en est pas favorable. Ce dernier point forme le pivot de tout ce système, c'est-à-dire que la *position* d'une forteresse en crée la plus grande importance.

Il est facile de concevoir que les places situées en dehors des grandes lignes d'opération n'ont pas la même importance que celles qui se trouvent sur ces lignes mêmes, ce qui nous conduit à un nouvel élément, celui du système des voies de *communication du théâtre de la guerre*. On pourrait être porté à regarder tout point marquant de croisement de route comme le lieu d'une forteresse; les projets

mêmes ne manquent pas, mais ils sont stériles faute
de possibilité d'exécution ; car aucun État au monde
n'aurait assez de ressources financières pour construire et pour entretenir un tel nombre de places
fortes. Le royaume de Wurtemberg, par exemple,
compte au delà d'une trentaine de points où trois,
quatre, et plus encore, bonnes chaussées se croisent,
et aucun n'est défendu par une forteresse. Tout en
ne prétendant nullement qu'il faille une place de
guerre à chaque point de croisement, l'on peut
ériger en principe qu'elles ne doivent occuper que
ces points. Or puisque les places fortes sont construites pour la défense du pays tout entier et que les
routes ne sont ouvertes que pour les relations com-
merciales, il faut que les communications à ouvrir se
règlent sur les places fortes existantes ou projetées ;
ce principe est loin d'avoir été reconnu autant qu'il
le mérite.

De là l'importance décisive qu'ont obtenue de petites
places, et même des forts insignifiants qui ne pouvaient être tournés, comme, par exemple, le fort de
Bard, dans la vallée d'Aoste ; tandis que d'excellentes places de guerre peuvent perdre une partie
de leur importance par l'ouverture de grandes routes
latérales. Aussi Glogau avait, dans la guerre de sept
ans, une valeur tout autre que celle que lui laisse le
tracé de la grande chaussée de Breslau. Personne n'a
mieux reconnu la haute influence sur les forteresses
de la direction des grandes routes, que Frédéric II et
Napoléon.

Les places ne devant occuper d'autres lieux que les
points stratégiques, il s'ensuit naturellement que ce

doivent être les plus importants ; et lorsque la localité
y met obstacle, on ne peut que déplorer le vice du
tracé de la route, comme, par exemple, près d'Ulm.
Il faut donc que la position stratégique aussi bien que
tactique de la place forte soit également favorable
pour que le point puisse jouir d'une grande importance, ce qui nous amène à l'effet utile des places
fortes.

5. EFFET UTILE DES PLACES FORTES.

Les places fortes ont un double effet utile, l'un
tactique, l'autre stratégique.

La valeur tactique dépasse rarement la portée de
canon, la stratégique seule forme la vraie base de
l'importance de la place.

Les places dites *imprenables,* où personne ne peut
ni entrer ni sortir, sont stratégiquement les moins importantes, qu'elles soient grandes ou petites, comme,
par exemple, Kœnigstein et Mantoue. Les places, au
contraire, dont les ouvrages ont quelque valeur, tout
en facilitant l'offensive, offrent la plus grande importance stratégique telles sont : Cologne, Dantzig, Tournay, Mons, etc., et plus encore quand elles sont à
cheval sur une rivière.

Si Neu-Brisach touchait immédiatement le Rhin,
cette place pourrait être qualifiée d'idéal de forteresse (1).

(1) Le Vieux-Brisach est beaucoup mieux situé. Napoléon
avait eu l'idée hardie de détourner le Rhin pour laisser cette
place sur la rive gauche. Les levés et nivellements étaient déjà
en cours d'exécution. Pensée de géant !

Il faut deux armées pour faire le siége de telles places, l'une d'observation, l'autre pour les travaux; l'ennemi doit y consacrer une campagne entière, si même il n'est forcé à la retraite, et pendant ce temps les conjonctures peuvent changer; or, gagner du temps, dans la guerre défensive, c'est tout gagner.

C'est sous les ouvrages des places de cette espèce qu'une armée battue cherche un refuge pour se refaire. On a voulu leur substituer des camps retranchés avec une citadelle pour réduit; mais cette construction ne mène pas aussi directement au but que lorsque toute la disposition de la place a été tracée à l'avance dans l'intention de favoriser une grande puissance offensive, comme, par exemple, la place de Cologne.

Ce sont encore ces forteresses que l'armée occupe pour prendre des quartiers d'hiver sûrs; mais il paraît que le système de guerre moderne rendra ceux-ci peu fréquents.

On peut déduire de toutes ces considérations, que pour avoir une influence marquée sur les opérations les places fortes doivent :

1° Posséder un certain degré de résistance applicable à toutes;

2° Renfermer un espace intérieur assez considérable;

3° Offrir une grande force offensive, surtout les grandes places;

4° Avoir toutes une position stratégique ou tactique également favorable;

5° Barrer réellement une route pour être utiles quand elles sont petites.

6.

Les observations précédentes qui sont de nature théorique demandent la sanction de la pratique. Ces différents éléments n'auront de valeur réelle à la guerre que pour autant qu'ils soient vivifiés par l'esprit d'une défense opiniâtre, sans lequel une fortification est impuissante, quel qu'en soit du reste l'art. C'est l'énergique conduite du commandant qui crée cet esprit, dont l'absence paralyse tous les autres avantages. Le commandant vigoureux sait multiplier ses moyens, ou s'en créer d'autres quand ils viennent à lui manquer ; son énergie peut au besoin corriger des erreurs grossières dans le dispositif de la place, et réparer les bévues éventuelles des ingénieurs. Tel fut, entre autres, le sort de la place de Kolberg en 1807, dont le commandant sut déployer une valeur pratique bien supérieure à la capacité théorique stérile, qui se désespère quand tout ne marche pas conformément aux livres.

Il n'a été question jusqu'ici que de l'influence d'une seule place forte, et nous sommes amené à parler d'un système de places fortes dont la puissance grandit considérablement quand elles se prêtent un mutuel appui.

6. SYSTÈME DE FORTERESSES.

Il est admis que les idées sur les systèmes de forteresses doivent changer tous les dix ou vingt ans. La triple ceinture de places fortes du Nord de la France était encore en 1806 réputée infranchissable, et huit années plus tard on passait gaiement à travers leurs intervalles. Il suffira de remarquer, sans longs raisonnements, qu'un système de forteresses, comme toute chose à la guerre, a une valeur double, l'une absolue, l'autre relative ; ainsi, sans la défaite préalable de l'armée française, l'on n'eût pas traversé ces mêmes places en 1814, si elles eussent renfermé des forces suffisantes. Semblables au tireur de la fable qui menace et ne tue pas, les forteresses étaient elles-mêmes bien innocentes du mauvais résultat. Si la forteresse doit tuer, elle doit être vivifiée en ajoutant à ce dispositif sans vie un principe vital ; mais, limité pour chaque État, cet élément vital fera défaut pour la guerre en rase campagne, s'il est trop immobilisé dans les places fortes ; de là donc la conséquence que trop de forteresses sont aussi nuisibles que trop peu. Aussi un aveugle faiseur de projets peut-il comme ingénieur faire beaucoup de mal à un État, lorsqu'il a su s'accaparer l'opinion et réaliser ses projets avec trop de prodigalité ; car de toutes les fautes, les plus dangereuses sont celles des ingénieurs, parce qu'elles se transforment en cancers. Un État peut facilement licencier ses armées quand il les juge trop nombreuses pour ses ressources ; mais il n'en est pas de même des forteresses, dont le sacrifice volontaire forme toujours un monument affligeant d'erreur militaire.

Pour se créer un solide système de défense, il faut à un État une situation géographique bien arrondie et spéciale, comme la France ou l'Espagne ; l'Italie, la Prusse, la Bavière, etc., au contraire, doivent renoncer à un tel système et rechercher leur force dans de simples lignes de forteresses.

Le lecteur désireux d'amples détails sur les systèmes de places fortes les trouvera dans Rogniat, dans l'instruction de Frédéric II commentée par un officier allemand, et dans un article du *Zeitschrift* qui discute la valeur défensive de la frontière de la France.

Le colonel Von Willissen a publié récemment sur les systèmes de forteresses des idées qui demandent à être méditées et qui peuvent se résumer comme suit :

Les forteresses doivent fournir un appui aux opérations dans la défensive, qui, pour être vigoureuse, doit comprendre des retours offensifs restreints, et rejeter comme mauvaise une défense absolument passive. On ne peut atteindre ce but que sur un terrain dont la puissance soit augmentée par l'art auquel la forme du site indique elle-même le dispositif fondamental de la fortification. D'après cela, il est toujours mauvais d'asseoir une forteresse dans un pays *ouvert;* les places fortes doivent, au contraire, ouvrir le mieux possible les voies de communication défensives d'après la stratégie ou menacer avec certitude les communications de l'ennemi, ce qui les rend stratégiquement offensives. Le stratége exigera donc, avant tout, que l'on fortifie les *grandes villes,* parce que, sachant pourvoir aux besoins de l'armée, elles renferment elles-mêmes les moyens de faire la guerre. En représentant la contrée par la surface d'un cercle, l'on peut dire que cette espèce de places fortes doit en occuper les *rayons* en allant du point central du pays à la circonférence, et s'appuyer de préférence à un grand fleuve, avec un camp retranché dont la place forte elle-même forme le *réduit.*

Une seule place ne pouvant suffire aux exigences de la défensive, plusieurs places doivent s'appuyer mutuellement: d'où naît le principe fondamental que les forteresses d'un pays doivent être *groupées*, et former des masses fortifiées, séparées tout au plus par deux ou trois marches et placées dans les seuls endroits où la nature a créé les plus grands obstacles militaires, comme près de Coblentz et de Trèves. A cet effet, on doit préférer les lignes des vallées ou des grands cours d'eau, parce qu'il est toujours plus facile de dominer partout un fleuve qu'une montagne. Enfin les forteresses destinées à favoriser une défense active ou mobile doivent se trouver sur les *cordes* du grand cercle du pays, et non sur les rayons, ainsi à la frontière même et toujours par groupes, afin que l'armée, forcée de sacrifier sa communication avec *l'une* des places, puisse sans délai s'en ouvrir une nouvelle avec une autre.

Appliqué à la haute Allemagne, ce système indique les trois cours d'eau, le Rhin, le Mein et le Neckar avec Philipsbourg (1), ou Germersheim avec Landau, Manheim et Mayence et quelques dépendances appropriées aux localités. Dans la Prusse rhénane l'on aurait le Rhin et la Moselle comme la meilleure barrière contre la France, avec les places de Trèves et de Luxembourg qui devraient être reliées par quelques groupes de forts dans les environs de Consarbrück et de Wasserbillig. Du côté de la frontière de l'est, ce système prendrait les eaux de la Prégel et de la Vistule avec Kœnigsberg et Thorn

____

(1) Toutefois le général Von Clausewitz dit de Philipsbourg : « C'est le modèle des mauvaises places ; elle ressemble à un imbécile qui va se coller le nez à la muraille. »

contre la Silésie et l'Oder, avec Breslau, Hernstadt et Leubus, etc.

Ces idées ont déjà été émises en grande partie par le général Von Clausewitz qui dit, entre autres : « Une armée défensive sans forteresses est vulnérable en cent endroits. » — Mais il est d'avis de fortifier les grandes villes riches, surtout les centres de commerce ; il reconnaît quelque valeur aux petites forteresses ou forts quand elles servent de barrière, ce que le colonel Von Willissen leur dénie. Il accorde aux places fortes qui contiennent les dépôts du matériel de guerre la même importance qu'aux appuis tactiques, et leur donne le nom de stations ; il ajoute ensuite qu'une place forte « ne peut en aucun endroit atteindre autant de buts et remplir autant de rôles que lorsqu'elle s'appuie à un grand fleuve. » Les opinions de ces deux écrivains sur les places fortes dans un site montagneux sont diamétralement opposées ; celui-ci en reconnaît la puissance tandis que M. Von Willissen la conteste, mais, comme ce dernier, il est d'avis que « le groupement des forteresses n'est pas une finesse oiseuse, parce qu'un groupe de deux, trois ou quatre places, à quelques jours de marche d'un centre commun, donnent à ce point et à l'armée une telle puissance que l'on doit chercher avidement à s'élever un tel bastion, pourvu que les autres conditions n'y mettent pas obstacle. »

Quant aux dépenses de construction, il suffira de rappeler que l'on ne compte dans ce chapitre que par millions, auxquels il faut encore ajouter les frais annuels d'entretien et les chiffres des garnisons qu'elles exigent. Ainsi la France, pour occuper convenablement sa ceinture du Nord, devra y sacrifier au moins 100,000 hommes.

Ces considérations imposent au stratége l'obligation de ne réclamer que la plus petite part possible d'une matière aussi dispendieuse, et de se contenter d'un minimum.

CHAPITRE CINQUIÈME.

DE L'OFFENSIVE STRATÉGIQUE ET DES MOYENS D'EN ATTEINDRE LE BUT.

---

1. GÉNÉRALITÉS.

Lorsqu'on est résolu à prendre l'offensive, il importe, avant tout, de tenir l'ennemi en suspens sur la réalité des entreprises et de le tromper jusqu'à ce qu'il n'ait plus le temps de prendre des dispositions contraires.

On peut y réussir de plusieurs manières.

Il faut commencer par étudier et par bien saisir le caractère et la manière d'agir de son adversaire, afin d'arriver à le trouver en défaut.

Les espions peuvent rendre de bons services, moins cependant pour donner des nouvelles de l'ennemi, que pour lui en faire accepter de fausses; mais ce moyen exige beaucoup de circonspection, afin de ne pas

tomber soi-même dans la fosse que l'on croit creuser
à son adversaire. Napoléon sut l'employer avant l'ouverture de la campagne de 1806, avec un succès si
complet, que la Prusse croyait encore au maintien de
la paix, alors que l'épée avait depuis longtemps quitté
le fourreau et que le sang avait déjà coulé. Frédéric II, au contraire, n'attachait que peu d'importance à l'espionnage de campagne, mais beaucoup
à celui de cabinet, et, alors même que le hasard lui
apportait des nouvelles, il n'en faisait aucun cas, à
son grand préjudice, comme, par exemple, l'annonce
de l'attaque imminente et imprévue de Hochkirch,
et, quelques années plus tard, la nouvelle donnée par
le lieutenant Wiese, peu avant la bataille de Liegnitz.

L'offensive stratégique admet encore une autre
voie, bonne à suivre ; c'est d'opérer des démonstrations, en faisant manœuvrer de simples partis sur des
directions ou des points dangereux pour l'ennemi ;
s'il les prend au sérieux, il détache contre elles et
s'affaiblit par conséquent au point principal ; s'il les
néglige, elles suivent leur cours et atteignent leur but
en se transformant en diversions. Que l'on se garde
toutefois d'attacher trop d'importance à des manœuvres démonstratives et d'y appliquer trop de forces
contre un ennemi actif et énergique ; il faut surtout éviter de lancer trop loin les détachements em-
ployés dans ce but, afin qu'on puisse les rappeler facilement à soi en cas de nécessité.

On ne doit pas confondre les démonstrations ou
les diversions avec la *fausse attaque*. Dans ce cas
on cherche à tromper l'ennemi par un combat réel,
que l'on cesse aussitôt que, l'ayant pris au sérieux, il

y dirige ses réserves. Sous ce rapport, le nouveau système de guerre a beaucoup gagné par l'institution d'avant-gardes indépendantes, spécialement aptes aux fausses attaques qui sont du domaine de la tactique et sortent de ce cadre.

Les *démonstrations* sont au contraire une application naturelle des principes de la stratégie. Les manœuvres du grand Frédéric, avant la bataille de Hohenfriedberg, sont aussi instructives pour les démonstrations que pour les diversions.

Dans l'offensive, comme en toutes circonstances de guerre, il importe beaucoup d'établir un bon système d'avant-postes, qui réclament dans ce cas, contrairement à la défensive, une certaine indépendance. Si ce rideau doit réellement empêcher l'ennemi de dévoiler les mouvements qu'il couvre, il doit être assez fort pour ne pas être déchiré à la première prise d'armes. Dans ce cas, des troupes rompues à la petite guerre peuvent rendre de grands services. Les Autrichiens y sont très-habiles et leurs troupes légères méritent des éloges; mais ils commirent trop souvent la faute de négliger la guerre principale, pour la guerre d'avant-postes. Dans la campagne de 1744, le roi fut si bien entouré par les troupes légères autrichiennes, qu'il se crut coupé de Prague; dans l'automne de 1757, ils avaient complétement détruit toute communication entre le roi et le duc de Bevern, et, en 1759, entre lui et le prince Henri, de sorte que le prince n'apprit que fort tard les événements de Kunersdorf.

Les corps francs peuvent également être utiles dans une guerre offensive, mais non au point de la vraie attaque, parce qu'ils font ordinairement trop tôt du bruit. Ils sont plus utiles dans les diversions ou dans les fausses attaques, car la perte de ces corps n'est jamais très-sensible.

L'offensive emploie encore avec beaucoup de succès les marches forcées ou les marches de nuit, pour apparaître soudainement aux points où l'ennemi s'y attend le moins ; mais elles forment la clef de voûte, en ce qu'elles doivent être suivies immédiatement par la bataille ; car rien ne ruine plus les armées que de les concentrer fréquemment sans utilité. Les Français l'éprouvèrent surabondamment en 1812.

2. MOYENS OFFENSIFS SPÉCIAUX.

Comme les guerres, les moyens d'atteindre des buts stratégiques se divisent en offensifs et en défensifs, qu'il convient de développer avant de procéder à l'exposition de la doctrine stratégique.

Parmi les moyens offensifs l'on compte :

a. La destruction du matériel de guerre de l'ennemi.

b. La conquête de provinces ennemies.

c. La destruction de l'armée ennemie par la force des armes.

Ces moyens seront examinés en détail, mais faisons remarquer d'abord qu'il n'est pas indispensable de recourir exclusivement aux moyens offensifs dans la guerre offensive et aux moyens défensifs dans la guerre défensive, mais qu'ils peuvent au contraire se combiner dans les deux espèces de guerre. Ainsi Frédéric II, quoique sur la défensive dans la campagne de 1757, mit cependant le troisième de ces moyens à exécution, en battant les Français près de Rosbach et les Autrichiens près de Leuthen.

a. *Destruction du matériel de guerre de l'ennemi.*

Ce moyen, souvent employé dans la guerre de sept ans, n'est pas très-puissant, car il est fort difficile d'amener l'ennemi par la seule destruction de ses magasins à demander la paix, ce qui forme le but principal de la guerre, ni de lui faire ainsi essuyer assez de pertes pour le forcer nécessairement à la paix.

En outre l'ennemi cherchera à protéger directement ou indirectement ses attirails de guerre, qui seront le plus souvent à l'abri dans des places fortes, dont un simple coup de main ne rend pas maître. Quelque puissant que ce moyen puisse être, parfois il n'est pas décisif et on doit le considérer tout au plus comme un moyen préparatoire et non comme un moyen principal destiné à atteindre le but de la guerre.

b. *Conquête du territoire ennemi.*

Ce moyen comprend le premier, parce que, après la conquête du territoire, il dépend de nous de faire tel usage que bon nous semble du matériel de guerre tombé en notre pouvoir, soit en l'employant nous-mêmes, soit en le détruisant si le temps et l'occasion d'en user nous manquent, ce qui, dans les deux cas, en dépossède l'ennemi.

Mais le premier moyen ne renferme pas le second,

car la possession ou la destruction du matériel de l'ennemi n'entraîne pas la conquête du territoire. Le prince Henri détruisit, à l'ouverture de la campagne de 1760, douze magasins autrichiens, et s'avança jusque contre Prague , sans parvenir à conquérir le pays ennemi.

Cependant cette prise peut exercer la plus grande influence sur les opérations prochaines et sur la marche de la guerre, comme, par exemple, la conquête de la Saxe par Frédéric II, qui mit le roi en état de continuer une guerre inégale contre tant d'ennemis supérieurs en nombre. La position stratégique de la Saxe envers la Bohême, l'usage de l'Elbe pour transporter les approvisionnements de guerre et plusieurs autres circonstances rendaient cette possession importante pour le roi. Elles l'engagèrent non-seulement à conquérir le pays, mais encore à le conserver le plus longtemps possible, parce que la Saxe le dédommageait des pertes qu'il avait essuyées sur d'autres points.

Nous voyons donc que le second moyen est beaucoup plus efficace que le premier pour atteindre des buts stratégiques, et on peut l'employer avec grand avantage toutes les fois que l'occasion s'en présente, parce qu'il conduit à ce double résultat de tarir pour l'ennemi et de nous ouvrir les sources de secours. L'on ne se résout à la destruction des approvisionnements que dans le seul cas d'impossibilité d'en profiter soi-même.

Un autre avantage, non moins important, c'est que la conquête d'une province ennemie est, en toutes circonstances, un pas de fait vers le but de la guerre. Le pays aspire ordinairement vers le rétablissement de la paix, les habitants des provinces conquises se plaignent du poids des charges, le cabinet ennemi verrait avec plaisir la délivrance de ses populations ; en un mot, si l'ennemi n'a pas l'espoir de reconquérir prochainement le terrain perdu, il se montrera beaucoup plus disposé à la paix que lorsque les provinces perdues étaient encore entre ses mains.

Mais tout n'est pas fini par la simple conquête : le pays demande à être *maintenu,* pour que la victoire soit réellement profitable. Ainsi, lorsque les Autrichiens inondèrent de troupes légères la haute Silésie, qu'ils durent abandonner aussitôt après la perte de la bataille de Hohenfriedberg, la conquête ne leur servit à rien et ne les rapprocha nullement de la paix. Des invasions aussi passagères ne font qu'aigrir ou intimider sans abattre.

Il s'agit donc, comme il a été dit, de *maintenir* sa conquête.

La possession d'une province ennemie ne peut être regardée que comme un moyen secondaire d'atteindre le but de la guerre, aussi longtemps que l'armée ennemie n'est pas entamée et tient la campagne ; à moins toutefois que la contrée n'offre toutes les ressources pour l'entretien de nos troupes, ou que le peuple et le cabinet opposés n'aient, avec un caractère pusillanime, aucune confiance dans leur armée, et ne soient prêts à implorer la paix après la perte de quelques lieues carrées. Ainsi l'opinion du peuple et du cabinet sur les effets de la conquête doit aussi être prise en considération, comme le fut, par exemple, la cession d'une partie de la Moldavie et de la Valachie aux Russes, par la Turquie en 1812.

c. *Destruction de l'armée ennemie.*

Ce n'est que lorsque ce troisième moyen, le plus puissant de tous, vient s'ajouter aux deux premiers, que l'on parvient à un résultat certain, parce que l'armée ennemie, supposée intacte, peut nous enlever tous les avantages de nos conquêtes ; ou, en d'autres termes, une conquête n'est durable et le maintien d'une province envahie ne peut être assuré, que par le gain d'une bataille ; c'est ainsi que Frédéric II ne s'assura la Silésie que lorsqu'il eut gagné la bataille de Hohenfriedberg, et il eût pu perdre cette province par la défaite de Breslau, si le roi n'était accouru très à propos pour gagner, contre les Autrichiens, la bataille décisive de Leuthen. Avec la chance pour eux, ils eussent aussi défendu la Silésie, car la possession même de plusieurs places fortes, telles que Schweidnitz, etc., ne put assurer leur conquête et la bataille seule leur enleva tous les avantages qu'ils avaient remportés jusqu'à ce jour.

On peut donc regarder avec raison ce troisième moyen : *destruction de l'armée ennemie*, comme le plus sûr et le plus puissant, et, en l'appuyant des deux autres, le résultat sera décisif ; mais ces derniers moyens, isolés du troisième, seront le plus souvent incapables d'atteindre le but de la guerre.

Une fois l'armée ennemie battue d'une manière décisive ou anéantie par nos armes, notre adversaire ne parviendra plus, quoi qu'il fasse, à renverser nos plans, parce que, possesseurs de l'initiative, nous tenons les rênes en main, et il nous est dès lors loisible de terminer notre conquête à volonté et avec toute l'aisance systématique.

Tous les grands capitaines ont toujours tenté ce dernier moyen offensif, tandis que les médiocres se sont toujours bornés à la pratique des deux autres.

Ainsi, dans la campagne de 1805, l'on voit Napoléon, après la catastrophe d'Ulm, courir à la recherche de l'autre armée ennemie, et la défaire totalement près d'Austerlitz; cette victoire décisive non-seulement assurait ses conquêtes, mais entraînait encore la paix aux conditions dictées par le vainqueur.

Telle fut encore sa conduite en 1800, par la victoire de Marengo; en 1806, par celles de Iéna et d'Auerstadt, où la destruction de l'armée entraîna la conquête de la Prusse.

En 1812 encore, Napoléon recourait à ce troisième moyen en cherchant à battre les Russes dans une grande bataille décisive, mais son plan échoua devant l'habileté de son adversaire, qui sut éviter ses coups, jusqu'à ce que l'armée française se fût assez éloignée de ses sources d'approvisionnements, pour que même le gain d'une bataille ne parvînt que difficilement à entraver sa perte. Les Russes atteignirent encore un autre but, en évitant ainsi le combat, celui de forcer l'armée française à se disséminer afin de pourvoir à sa subsistance, ce qui eût été impossible dans l'ordre serré.

La bataille de Leipzig, en 1813, pouvait anéantir l'ennemi, mais ne l'ayant pas fait, les hostilités continuèrent longtemps encore. La bataille de Hanau manqua totalement son but. Toutes deux, si l'on daigne même citer la seconde, ne prennent donc pas, dans l'histoire des guerres, le rang élevé des batailles d'Austerlitz, de Iéna et de Waterloo. Cette dernière fut la plus décisive par l'anéantissement complet de l'armée française; aussi la paix suivit-elle sans délai, car les actions postérieures méritent à peine de fixer l'attention.

Les époques antérieures sont également riches en exemples de cette nature, entre autres la guerre de sept ans. Plusieurs puissances s'étant, à l'origine de la guerre, déclarées contre la Prusse, Frédéric II prit hardiment l'offensive, se jeta dans la Saxe dont il eût immanquablement anéanti l'armée, si elle avait tenu pied en rase campagne. Mais plus circonspecte, elle choisit un camp retranché qui arrêta le roi beaucoup plus longtemps qu'il ne s'y attendait; ce qui ne l'empêcha pas de livrer la bataille de Lowositz.

L'année suivante le roi chercha à parvenir plus directement au but principal de la guerre, en battant les Autrichiens près de Prague; mais la bataille ne fut pas aussi décisive que le roi l'avait espéré; il en fallut une seconde, celle de Collin, qu'il perdit. Si le sort lui eût été favorable, le roi se fût trouvé aux portes de Vienne sans que les Autrichiens eussent pu lui opposer une troisième armée; ils eussent donc été réduits à conclure la paix, et dès lors le roi serait facilement venu à bout des autres membres de la coalition. Tout ceci se trouvait dans son vaste plan, dont l'échec ne peut déprécier ses combinaisons, parce qu'une idée ne se mesure pas uniquement à la réussite.

Cette même guerre contient aussi des applications de la première partie de ces considérations. En effet, les puissances coalisées contre la Prusse en avaient envahi plus d'une fois les États héréditaires, et conquis pour ainsi dire tout le territoire; mais ne pouvant s'y maintenir, leur conquête ne servait à rien, parce que l'armée du roi était encore debout, et même après la bataille de Kunersdorf, où cette armée fut mise pour un moment totalement hors de combat.

CHAPITRE SIXIÈME.

DE LA DÉFENSIVE STRATÉGIQUE ET DE SES MOYENS.

———

1. GÉNÉRALITÉS.

Le principe fondamental à la guerre est toujours
de *ne pas* faire ce que l'ennemi veut, et, dans le cas
particulier de la défensive, de suivre le procédé contraire à celui de l'adversaire qui tient l'offensive.

Dans ce cas, plus encore que dans l'offensive, il
importe d'être informé avec exactitude et rapidité des
mouvements de l'ennemi, et surtout de ses mouvements défensifs, ce qui, soit dit en passant, est très-
difficile et exige un système d'avant-postes bien coor-
donné, et, par dessus tout, une activité et une promptitude à toute épreuve.

« Un général en chef, dit Napoléon, doit se dire
plusieurs fois par jour : Si l'ennemi paraissait sur

mon front, sur ma droite ou sur ma gauche, que ferais-je? Et s'il se trouve embarrassé, il est mal posté, il n'est pas en règle, il doit y remédier. » Telle fut la position de Frédéric II près de Hochkirch, quoiqu'il faille remarquer que le roi n'ignorait pas ce qu'elle avait de dangereux, mais il courut à sa perte par trop de foi dans les nouvelles que lui donnaient ses émissaires, et non, comme le pense le commentateur des maximes de guerre de Napoléon, parce qu'il ignorait le principe précédent.

Un des meilleurs moyens de pénétrer les intentions de l'ennemi serait de faire de faux mouvements, mais on peut d'autant moins y recourir dans la défensive, que l'on est généralement lié à une certaine zone de terrain. Ceci n'implique nullement la pensée que dans la défensive on doive rester entièrement passif; l'on ne pourra, au contraire, dans beaucoup de cas, prévenir une défaite, que par des retours offensifs opportuns et vigoureux.

Dans la défense on doit surtout chercher à entraver d'une manière constante et efficace le plan de l'assaillant, parce que, si on le laisse amener son plan à maturité en réunissant ses colonnes partielles, on succombera sous le nombre et l'on sera écrasé.

De nombreux exemples, surtout dans les guerres d'Autriche, et, entre autres, la campagne de 1807 contre la Prusse, prouvent combien une résistance inerte est impuissante dans la défensive. Les Russes, qui n'avaient, à proprement parler, pas même essuyé une seule défaite, se retirèrent sans tenter le moindre retour offensif et accrurent ainsi la force morale des Français.

Le moment propice influe beaucoup dans ces cas, et tel dessein, aujourd'hui très-convenable , peut déjà demain être très-nuisible. La difficulté est toujours de savoir saisir le vrai moment ; aussi les généraux médiocres sont-ils plus gênés par le temps que par l'espace, et il n'est pas possible de rectifier leur conduite au moyen de la théorie ; c'est une voix stratégique intérieure qui, seule, dit au capitaine quand l'instant favorable d'un mouvement offensif est venu. Dans beaucoup de cas , il sera avantageux d'attaquer l'ennemi au moment même où il prépare une entreprise contre nous, car rester immobile dans une position, lorsque des obstacles naturels de terrain n'y forcent pas, c'est se créer le grand inconvénient de laisser l'ennemi préparer et constituer son attaque ou réunir des moyens de manière à assurer le résultat qu'il a en vue. On peut le prévenir de deux manières qui se touchent : l'une stratégique, l'autre tactique ; par la première, en occupant un point avant l'ennemi ; par la seconde, en remportant l'avantage par la force des armes. L'histoire fournit beaucoup d'exemples pour les deux cas , comme la campagne de don Antonio Ricardo dans les Pyrénées en 1793 et 1794, ou encore la bataille de Hohenlinden, où Moreau, devinant parfaitement l'intention des Autrichiens, envoya à point le général Richepanse sur leur derrière et remporta une victoire complète ; telle est encore la bataille d'Austerlitz. Dans ces cas, il s'agit toujours de conserver la pointe au corps, ce qui n'est possible qu'avec des avant-postes solides et actifs, auxquels il incombe, dans la défensive, de prévenir l'ennemi par les moyens tactiques, comme des espions sûrs et vigilants doivent le faire pour les moyens stratégiques. De bons partisans rendent ici d'excellents services en intimidant l'ennemi, comme le faisait Schill, par exemple. Dans l'offensive ils sont beaucoup moins utiles, comme l'ont prouvé les partisans de 1814, qui firent beaucoup de bruit, peu d'effet et enlevèrent souvent à l'armée son pain quotidien, déjà trop rare.

Une excellente disposition de tactique défensive, c'est d'envoyer la cavalerie de réserve entre l'armée et les avant-postes ennemis, pour courir sus dès qu'il se découvre en quelque point ; mais la règle ne peut être absolue, parce que le terrain doit s'y prêter.

La guerre de sept ans contient des exemples instructifs sur le bon emploi des troupes légères. Daun, entre autres, à l'ouverture de la campagne de 1760, sut prévenir le roi dans tous ses projets, jusqu'à ce que Frédéric réussît, après le combat de cavalerie de Gordeau, à rejeter au delà de l'Elbe le général Lascy, qui le gênait, et parvint ainsi à se faire jour.

Il y a toutefois des cas où il n'est pas possible d'étendre assez ses avant-postes, pour avoir partout, à temps utile, des nouvelles de l'ennemi, et il ne reste alors qu'à opérer une *retraite méthodique* ou à se tenir sur la stricte défensive. L'armée prussienne suivit le premier procédé après la bataille de Lutzen en 1813 ; elle céda, toujours avec méthode, devant les Français, en conservant toutes ses forces et en évitant tout combat sérieux après la bataille de Bautzen ; elle arriva ainsi jusque sous le canon de Schweidnitz, où elle comptait faire face, quand intervint l'armistice. Ce qu'il y a de pis dans de longues retraites de cette espèce, ce sont les inévitables marches de nuit qui, à la longue, éreintent les troupes. On reste ordinairement en position le jour et l'on prend ses dispositions, comme si l'on voulait s'y défendre, pour décamper ensuite la nuit en laissant brûler les feux des bivacs, et l'ennemi ne trouve à attaquer le lendemain matin que quelques grand'gardes.

La campagne d'automne de 1760, du roi, mérite d'être étudiée comme application de la défensive stratégique.

2. MOYENS DÉFENSIFS STRATÉGIQUES.

Ces moyens, beaucoup plus limités que ceux de l'offensive, peuvent être ramenés aux deux points de vue principaux suivants :

a. Il faut prévenir l'ennemi partout où il y a possibilité, par des opérations offensives, agir sur ses flancs, et enfin entraver ses plans d'attaque, ou

b. Se renfermer dans une défense stricte, opiniâtre et constante, chercher ainsi à traîner la guerre en longueur et à ruiner les forces de l'ennemi, de manière à le forcer à la longue, par épuisement, à renoncer à ses desseins.

On ne peut donner pour aucun des deux cas de règles sûres, ni indiquer de procédé : comme toutes les maximes stratégiques, c'est dans l'histoire même des guerres qu'il doit être puisé. Toutefois le premier moyen l'emporte de beaucoup sur le second, auquel on ne doit recourir, que lorsque les circonstances ne permettent pas l'autre.

Telle fut la conduite de tous les grands généraux soit dans leurs campagnes défensives, soit dans les cas où ils étaient réduits à une défense passagère.

On peut adopter comme maxime : *que plus on introduit d'éléments offensifs dans la guerre défensive et plus celle-ci, en général, est heureuse;* d'où l'on déduit l'appréciation et le choix des moyens défensifs qui doivent toujours avoir pour but de forcer l'ennemi, soit par les armes, soit par les manœuvres, à renoncer à ses desseins.

L'on se tromperait en admettant qu'un tel procédé est facile; il exige, au contraire, beaucoup d'habileté et beaucoup d'énergie. Napoléon dit dans ses maximes de guerre : « Le passage de l'ordre défensif à l'ordre offensif est une des opérations les plus délicates de la guerre. » La conduite de l'armée de Silésie en 1813, couronnée par la bataille de la Katzbach, est un des épisodes les plus brillants de la vie militaire du prince Blücher et de son chef d'état-major, le général Von Gneisenau.

L'histoire est pleine d'exemples qui prouvent que les manœuvres se présentent, comme éléments de la grande guerre, beaucoup plus fréquemment dans la défensive que dans l'offensive. Napoléon dit avec une immense justesse : « Avec une armée inférieure en nombre, inférieure en cavalerie et en artillerie, il faut éviter une bataille générale, suppléer au nombre par la rapidité des marches, au manque d'artillerie par la nature des manœuvres, à l'infériorité de la cavalerie par le choix des positions. Dans une pareille situation, le moral du soldat fait beaucoup. »

La campagne de 1814 en France fut habilement exécutée d'après ces principes. Napoléon, avec une armée inférieure en nombre, et découragée par les désastreuses retraites de Moscou et de Leipzig, parvint à suppléer à son immense infériorité par des manœuvres rapides et bien combinées. Les succès remportés à Champ-Aubert, à Montmirail, à Montereau et à Reims, commençaient à relever le moral de l'armée française et l'on peut même admettre que, si, au lieu de se rendre à Fontainebleau, il s'était retiré derrière la Loire pour s'y renforcer au moyen de secours tirés de l'intérieur, afin de reparaître une seconde fois sur le champ de bataille, la fin de la campagne n'eût pas été prochaine.

Dans une autre maxime il dit encore : « Dans une guerre de marches et de manœuvres, pour éluder une bataille contre une armée supérieure (ainsi dans la défensive, dirons-nous), il faut se retrancher tous les soirs et se placer toujours dans une bonne défensive. Les positions naturelles que l'on trouve ordinairement ne peuvent mettre une armée à l'abri de la supériorité d'une armée plus nombreuse, sans le secours de l'art. »

« La campagne (1) de l'armée alliée d'Espagne et de France, sous les ordres du duc de Berwick, contre les Portugais, en 1706, peut servir d'application utile à l'étude des rapports défensifs. Les deux armées firent presque le tour de l'Espagne ; elles

(1) Commentaire de la XVIIe maxime de guerre de Napoléon.

commencèrent la campagne près de Badajoz et après avoir manœuvré au travers des deux Castilles, elles la finirent aux royaumes de Valence et de Murcie. L'armée du duc de Berwick n'occupa pas moins de quatre-vingt-cinq camps différents, et quoique toute la campagne n'ait pas amené de bataille rangée, l'armée portugaise se laissa faire près de dix mille prisonniers. »

« Une belle campagne de manœuvres fut celle que le maréchal de Turenne fit contre le comte de Montécuculli, en 1675. L'armée impériale ayant fait ses dispositions pour passer le Rhin à Strasbourg, Turenne fit diligence, et, ayant jeté un pont sur le Rhin près du village d'Attenheim, à trois lieues au-dessus de Strasbourg, il passa le fleuve et vint avec son armée camper près de la petite ville de Vilstet, qu'il occupa. Cette position couvrait le pont de Strasbourg, en sorte que, par cette manœuvre, Turenne coupa le passage de cette ville à son adversaire. Montécuculli, ayant fait un mouvement avec toute son armée, parut vouloir menacer le pont d'Attenheim, par lequel l'armée française tirait ses vivres de la haute Alsace. Aussitôt que Turenne eut deviné l'intention de l'ennemi, il laissa un détachement à Vilstet, et se porta rapidement, avec toutes ses forces, sur le village d'Attenheim. Cette position intermédiaire entre les deux ponts qu'il voulait garder, lui donnait la facilité de secourir l'un ou l'autre de ces deux postes avant que l'ennemi eût le temps de les enlever. Par cette manœuvre il déjoua les projets de son adversaire. Convaincu qu'il ne pouvait faire aucune tentative heureuse contre les deux ponts,

Montécuculli résolut de passer le Rhin au-dessous de Strasbourg, et pour remplir ce but, il revint prendre sa première position à Offenbourg. Le maréchal de Turenne, qui suivait tous les mouvements de l'armée autrichienne, ramena aussi son armée au camp de Vilstet. Cependant, cette tentative de l'ennemi ayant fait apercevoir au général français le danger auquel l'avait exposé l'éloignement de son pont, il le fit rapprocher de celui de Strasbourg, afin de n'avoir pas un si grand espace à couvrir. Montécuculli ayant commandé un équipage de pont aux magistrats de Strasbourg, se porta à Scherzheim pour le recevoir; mais Turenne déjoua encore ses projets en prenant position à Freistett, où il occupa les îles du Rhin, et fit de suite construire une estacade. Enfin dans toute cette campagne, Turenne obligea l'ennemi à suivre son initiative; par une marche rapide, il réussit encore à couper Montécuculli de la ville d'Offenbourg, d'où il tirait ses vivres et il aurait même empêché le général autrichien d'opérer sa jonction avec le corps de Caprara, lorsqu'un boulet de canon termina la vie de ce grand homme. »

Mais lorsque la stratégie théorique veut prétendre qu'on peut forcer un ennemi à abandonner sa position, au moyen des *seules manœuvres* et sans courir la chance des combats, cette magnifique théorie ne se trouvera que très-rarement réalisée par la pratique et alors seulement que l'ennemi se sera montré extraordinairement faible. Un ennemi solide, c'est-à-dire soutenu par une volonté bien décidée, confond fréquemment par un coup hardi les manœuvres ingénieuses d'un savant adversaire; il fond comme un ouragan entre les colonnes de manœuvre de son méthodiste adversaire, et les disperse, comme Bonaparte le fit plus d'une fois en 1796.

Nous serions donc fondé à admettre que les manœuvres viennent en seconde ligne dans l'ordre offensif et en première ligne dans l'ordre défensif.

Tous les grands capitaines ont toujours regardé les manœuvres comme un simple moyen d'atteindre leur but, tandis que les capitaines médiocres et les théoriciens le prirent faussement pour le but lui-même.

Il est évident que l'on manœuvre plus et que l'on doit même manœuvrer plus dans la défensive que dans l'offensive; mais ici même il se présente des situations défensives passagères, où la manœuvre reprend tous ses droits.

Frédéric II ouvrit la campagne de 1757 par une manœuvre des plus hardies qui fut suivie par la bataille de Prague, d'où le roi marcha aussitôt, sans manœuvrer, à la bataille de Collin, qu'il perdit. Il recourut alors aux manœuvres, sans oublier toutefois la maxime précédente, savoir : de passer à l'offensive partout où il y a possibilité, même dans l'ordre défensif le plus restreint, afin d'imposer à son adversaire, ce qui ne peut se faire par des manœuvres, mais par des coups. Cette conduite du roi rendit ses ennemis tellement prudents et craintifs, qu'ils osèrent à peine encore l'attaquer, et, passant d'une forte position à l'autre, ils finirent par oublier qu'eux avaient l'offensive et le roi la défensive.

Les Russes et les Prussiens, en 1813, étaient d'intention de faire une guerre offensive, mais, ayant à moitié perdu la bataille de Lutzen, ils se mirent à manœuvrer et furent ainsi ramenés jusqu'à la frontière sud-est de la Silésie.

Le caractère des entreprises à la guerre ne se règle pas d'après une formule théorique déterminée et bien compassée, mais d'après la situation des choses, l'esprit du général en chef, les positions des deux cabinets en guerre, etc., toutes considérations beaucoup plus saillantes dans la défensive que dans l'offensive, qui doivent décider du choix entre les deux moyens de défense précités.

Comparons, par exemple, les guerres entre la France et l'Espagne, en 1793 et 1807, toutes deux défensives pour cette dernière puissance. Les Espagnols commencèrent la première de ces guerres, qui se prolongea jusqu'en 1795 avec des forces très-faibles, mais qui étaient conduites par des chefs capables et audacieux, tels que le vigilant Ricardo, dont les combinaisons consistaient à prévenir partout les Français par des mouvements offensifs restreints et fréquemment répétés. La république française, au contraire, considérait la guerre d'Espagne comme une espèce d'école préparatoire pour les jeunes soldats, qu'elle destinait à servir ensuite sur des points plus importants du théâtre de la guerre, entre autres sur le Rhin; aussi, dès que les troupes avaient appris à combattre en Espagne, elles marchaient vers le Rhin, et étaient remplacées aux Pyrénées par des conscrits. Ce système donna un caractère tout particulier à cette guerre.

En 1807, au contraire, Napoléon faisant de la guerre d'Espagne son objet principal, y envoya ses meilleures troupes, sans se lasser de livrer de nouvelles victimes au dieu irrité des combats. Contre une telle énergie, le procédé de 1793 était impuissant ; aussi les Espagnols durent-ils recourir au second moyen défensif et chercher à traîner la guerre en longueur, afin d'affaiblir leur assaillant et de le laisser se ruiner lui-même. Cette tactique leur réussit pleinement, avec le secours des Anglais, pendant plusieurs années, et jusqu'à ce que les chances tournèrent en leur faveur par le projet grandiose de Napoléon contre la Russie ; cette guerre perdit son rang d'importance et devint secondaire, lorsque la France se vit ensuite menacée au cœur même de l'empire.

Il paraît convenable de donner ici quelques règles pour l'emploi de ce second moyen défensif.

Quand on est réduit à ce procédé qui, par essence, est surtout temporisateur, il faut éviter avec soin que l'ennemi ne voie l'intérieur de nos affaires et ne démêle le motif réel de la mollesse de notre conduite. Plus ce motif réside dans une faiblesse réelle, plus nous devons nous donner l'apparence contraire, au moyen de petits retours offensifs qui imposent à l'ennemi, afin qu'au moment où il croit lever l'épée pour nous pourfendre, il en voie une suspendue sur sa propre tête.

Le duc Ferdinand de Brunswick est, dans la pratique de ce système, un modèle accompli.

Le duc ayant, comme le roi, à combattre un ennemi beaucoup supérieur en force, sans aucune chance de l'anéantir par un seul coup décisif, dut traîner la guerre en longueur. Il évita donc les batailles rangées, tout en les faisant toujours craindre à l'ennemi. Aussi son principal mérite consiste-t-il à avoir fait de grandes choses avec de faibles moyens, et à ce titre la campagne de 1761 est instructive, tout en n'offrant qu'une seule grande bataille, celle de Villingshausen.

La composition de l'armée du duc était fort variée; car elle comprenait des Anglais, des Prussiens, des Hanovriens, des Brunswickois, des Hessois, etc. Cette bigarrure présentait pour le commandement toute espèce de difficultés, qui, avec une seule sorte de soldats, eussent toutes disparu. On lui avait surtout imposé l'obligation la plus impérieuse d'épargner le sang de ses soldats, dont il devait justifier nominativement la perte auprès du parlement anglais. Ce principe étrange, que n'admettait pas le catéchisme de guerre de Napoléon, imprima un caractère tout spécial aux campagnes du duc; mais pour lui il était plausible, parce qu'il ne pouvait combler les vides dans ses rangs aussi rapidement que l'eût fait un général qui eût disposé de la conscription. Encore sut-il parfaitement utiliser le vrai moment et maintenir son adversaire dans une crainte perpétuelle par deux excellents moyens : la guerre de manœuvres et celle des partisans. Le duc avait de bons partisans : Luckner, Freitag, Scheiter, Monkewitz, etc., et même le prince héréditaire prit parfois rang au milieu de ces chefs qui savaient parfaitement se rendre redoutables à l'ennemi. A la fin Soubise dut diriger la moitié de son armée contre le général Luckner et projeter tout un plan pour l'entourer près de Heiligenstadt, mais il ne parvint pas à réaliser son dessein.

Il faut ajouter que le duc eut pour lui la fortune,

dont les faveurs sont indispensables à la guerre ; son plus grand bonheur fut la mésintelligence de ses deux puissants adversaires, Broglie et Soubise, qui firent la guerre à coups de mémoires, sans oser rien entreprendre isolément.

Nous voyons encore comment on peut améliorer ses affaires au milieu de la défensive, par de petits mouvements offensifs, dans la conduite de Kutusow près de Durrenstein (11 novembre 1805), où, par un vigoureux retour offensif, il anéantit la division Mortier.

Il est toujours bon d'imposer à l'ennemi, mais il l'est surtout immensément, quand on est sur la défensive. La personnalité du général en chef y fait beaucoup, car un Soubise, par exemple, n'eût jamais réussi à le faire, quelles que fussent ses tentatives. Mais cette personnalité doit s'appuyer sur quelque chose de plus, afin que l'ennemi, venu aux mains avec nous, sente le plus vivement possible le tranchant de notre épée ; ou, en d'autres mots, les troupes doivent être rompues à une bonne *tactique*. Toute guerre, et surtout la guerre défensive, exige l'aide de la tactique qui conduit spécialement à la réalisation du premier moyen défensif. Aussi les États dont la politique s'appuie sur la défensive, cultivent toujours plus la tactique que les États qui font des guerres de conquêtes. Les Français n'exécutaient pas, en temps de paix, de grandes manœuvres, que Napoléon considérait même comme nuisibles. La Prusse, au contraire, a toujours fait grand cas de la tactique, dont l'absence, même dans le meilleur système de guerre, ne donnerait pour arme qu'une épée chargée de pierres précieuses, mais avec une lame de plomb. Imposer par la seule menace de manœuvres, ne conduit à rien ; il faut savoir les appuyer par une bonne tactique ; l'épée doit non-seulement sortir du fourreau, mais encore être bien affilée pour se faire craindre.

Il manque à la tactique une page, qu'on ne trouve pas dans les traités spéciaux, parce qu'elle a un rapport intime avec la stratégie. Il y a en effet pour la grande guerre deux espèces de tactique : l'une *passive*, l'autre *active;* la première décerne des couronnes civiques, la seconde des couronnes de laurier. Dans presque toutes leurs guerres, les Autrichiens se sont contentés de la première, se battant avec bravoure, mais rarement avec l'énergie offensive désirable. Frédéric II, et Blücher presque plus encore, étaient convaincus de l'efficacité de cette énergie offensive ; à Waterloo les Prussiens se sont tenus à la tactique active et les Anglais à la passive.

Les armées qui cultivent peu la tactique n'ont évidemment d'autre moyen défensif que le second ; traîner la guerre en longueur, telle fut presque toujours la conduite des Autrichiens dans les guerres précitées et contre les Turcs. Ceux-ci ne pouvant, à cause de leur tactique défectueuse, se mesurer en bataille rangée ni avec les Russes, ni avec les Autrichiens, l'évitaient aussi longtemps que possible, et cherchaient à épuiser leurs adversaires et à les exténuer par de petits combats fréquemment répétés, ou, en d'autres mots, ils traînaient la guerre en longueur. Nous reviendrons sur ce point, quand il sera question de l'influence des combats sur l'art de la guerre.

Les positions jouent un grand rôle dans la guerre défensive; elles ont, comme l'on sait, un côté stratégique et un côté tactique, qui doivent se réunir pour leur donner une valeur réelle. Une position peut être parfaite pour la tactique et mauvaise pour la stratégie ou réciproquement. Il y a des cas où l'on est forcé, dans la défensive, d'occuper une mauvaise position, mais un bon général saura bien s'en tirer. « Surpris par une armée supérieure, un général ordinaire, dit Napoléon, occupant une mauvaise position, cherchera son salut dans la retraite; mais un grand capitaine payera d'audace et marchera à la rencontre de l'ennemi. Par ce mouvement, il déconcerte son adversaire; et si celui-ci met de l'irrésolution dans sa marche, un général habile, profitant de ce moment d'indécision, peut encore espérer la victoire, ou au moins gagner la journée en manœuvrant; à la nuit, il peut se retrancher ou se replier sur une meilleure position. Par cette conduite hardie, il maintient l'honneur des armes, cette partie si essentielle de la force d'une armée. »

« En 1654 (1) le maréchal de Turenne fut surpris par le prince de Condé dans une position où son armée se trouvait compromise; il pouvait, en battant en retraite, se couvrir par la Somme qu'il avait la facilité de traverser à Peronne, dont il n'était éloigné que d'une demi-lieue; mais, craignant que ce mouve-

____

(1) Commentaire de la XVIIIe maxime de guerre de Napoléon.

ment de retraite n'influât sur le moral de son armée, Turenne paya d'audace, et marcha à la rencontre des ennemis avec des forces bien inférieures. Après une lieue de marche, il trouva une position avantageuse, où il se mit en disposition d'attendre le combat; il était trois heures après midi; les Espagnols, fatigués, hésitèrent d'attaquer, et, dans la nuit, Turenne s'étant couvert par des retranchements, les ennemis ne jugèrent plus devoir courir les dangers d'une bataille, et ils levèrent leur camp. »

CHAPITRE SEPTIÈME.

DE LA FORCE OFFENSIVE ET DE SON EMPLOI.

———

Une armée forcée à se défendre, en rase campagne, contre un ennemi supérieur en nombre, prendra les dispositions suivantes, rendues plus intelligibles par cette figure :

Elle placera aux abords principaux de sa position stratégique en a et en b de petits corps et en arrière entre les deux corps avancés, un autre plus fort c dans l'intention de renforcer rapidement soit le corps a, soit le corps b, au moyen du corps c et de tomber avec les deux corps réunis sur la fraction opposée de l'ennemi en e ou en d, afin de l'anéantir isolément. Dans ce cas on pourra désigner le corps c comme étant la *force offensive* de cette armée.

Cet emploi de la force offensive s'est déjà présenté dans toutes les guerres antérieures, mais il restait à la science moderne à ériger ce procédé en un système formel que Jomini et Rogniat ont exposé les premiers, et qu'il convient d'examiner de plus près.

Il est évident que l'emploi de la force offensive se présentera surtout dans les guerres défensives, elle pourrait donc figurer au nombre des moyens défensifs. Mais les mêmes applications heureuses s'offrant aussi dans les guerres offensives, il paraît plus rationnel de traiter ce puissant moyen stratégique dans un chapitre spécial, et de l'examiner dans toute sa généralité.

Lorsque deux armées de force inégale opèrent l'une contre l'autre, il est inévitable que la plus faible, du moins dans les commencements, abandonne une partie de son théâtre de la guerre, pour attendre des conjonctures plus favorables. La supériorité numérique de l'autre armée ne reste pas longtemps la même. A mesure qu'elle s'avance, elle se voit forcée de former des détachements qui l'affaiblissent, tandis que l'armée, primitivement inférieure, se retire sur ses soutiens et croît en nombre, de sorte que si l'équilibre des forces n'est pas entièrement rétabli à la fin, il tend beaucoup plus à s'égaliser alors qu'à l'origine des opérations. La campagne de 1812 en

Russie nous en fournit un exemple. Plus Napoléon s'avançait, plus il dut s'affaiblir par des détachements, tandis que les Russes s'adjoignant un renfort après l'autre, l'équilibre était déjà presque rétabli près de Borodino.

Si en outre l'armée envahissante se meut sur plusieurs lignes, ce qui est presque toujours le cas, l'armée la plus faible pourra rétablir l'équilibre encore plus tôt, et c'est ici le lieu où l'emploi habile de la force offensive se manifeste dans toute son extension.

Supposons que l'ennemi, fort de 120,000 hommes, s'avance, d'après la figure précédente, avec 60,000 hommes, suivant chacune des lignes d et e, tandis que nous n'avons que 100,000 hommes à lui opposer : 40,000 en a et b et 60,000 de force offensive en c. Cette disposition permettra donc, par le renfort opportun de a ou de b au moyen du corps c, de réunir 80,000 hommes sur un de ces points, pour agir d'une manière offensive contre l'une des colonnes ennemies et la battre. Si, au contraire, nous avions divisé nos forces en 50,000 hommes en a et 50,000 en b, nous n'eussions su opposer qu'une résistance très-précaire.

Aucune théorie ne saurait enseigner sur quelle colonne ennemie il convient de se jeter ; c'est le cas où le général en chef doit recourir aux combinaisons. La plus simple consiste à attaquer celle des colonnes ennemies dont on pourrait menacer avec le plus de certitude et de facilité la ligne de retraite.

Frédéric doit à l'application variée de ce procédé

plus d'une de ses victoires; ainsi, dans la seconde moitié de la campagne de 1757, il laissa le duc de Bevern avec 50,000 hommes en Silésie, avec ordre de rester sur la défensive, renforça avec la force offensive, également de 50,000 hommes, le faible corps stationné en Saxe, et s'avança avec lui vers la Thuringe. Ayant défait les Français à Rosbach, il laissa une faible force en face de l'armée impériale, réunit de nouveau sa force offensive aux débris du corps de Bevern, qui avait été battu près de Breslau, et vainquit les Autrichiens à Leuthen. Telle fut encore sa conduite en 1758, avant la bataille de Zorndorf, et en 1759, lorsqu'il perdit la bataille de Kunersdorf, quoique si bien amenée dans son propre intérêt.

Napoléon pratiqua la même maxime, surtout dans sa première campagne d'Italie et jusqu'à ce que l'accroissement de sa puissance le mit au-dessus de l'emploi de ces moyens stratégiques secondaires. Les puissances alliées éprouvèrent encore durement en 1814 combien Napoléon entendait parfaitement l'emploi de la force offensive qui, à cette époque, était sa garde.

Il enseigna aussi l'art d'employer, au vrai moment, la force offensive dans les guerres offensives, en opérant avec la plus grande masse de ses forces un effort combiné sur le point décisif, ce qui forme un des principes les plus élevés de la stratégie, dont quelques nouveaux théoriciens ont su faire un si grand étalage qu'on les croirait avoir inventé cette maxime, la plus ancienne de toutes.

Les campagnes du duc Ferdinand de Brunswick

et spécialement la campagne de 1758, forment une série d'applications utiles de la force offensive.

L'emploi de ce puissant moyen exige un terrain favorable, une appréciation très-exacte de l'adversaire, une connaissance complète du théâtre de la guerre et une certaine indépendance quant aux magasins de vivres. Frédéric II, par exemple, ne vécut pour ainsi dire que sur réquisition dans sa marche de Rosbach sur Leuthen, tandis que le duc Ferdinand dut, au contraire, tirer ses subsistances des magasins, ce qui rehausse encore l'excellence de ses combinaisons.

On peut encore ajouter quelques observations sur le dispositif même de la figure précédente :

1. Quant à l'*espace*. Lorsque la distance de la force offensive c à l'un des corps a ou b est trop forte, cette maxime n'est plus applicable. Il faut donc avant tout apprécier cette distance et l'état des chemins entre a, b et c.

2. Les deux corps a et b doivent avoir les moyens de résister quelque temps à l'ennemi, afin de l'arrêter jusqu'à ce que la force offensive c ait pu venir le soutenir. A cet effet le théâtre de la guerre doit présenter des positions convenables ou être approprié de manière que ces petits corps ne puissent être culbutés à la première agression ; la maxime indiquée sera donc d'autant plus efficace, que nous disposerons, sous ce rapport, de plus d'éléments défensifs.

Un terrain très-favorable aux opérations de ce genre était celui de la Diemel, dans la campagne du duc de Brunswick en Westphalie et dans la Hesse.

3. Quant au *temps*. Il s'agit d'évaluer le temps nécessaire pour faire arriver la force offensive *c* au secours de l'un des corps *a* ou *b*, ainsi que le temps minimum qu'il faut à l'ennemi pour les attaquer et les chasser de leur position. Plus il lui en faut pour atteindre ce résultat, plus la zone à défendre peut être étendue, et d'après cela un théâtre de la guerre en terrain montagneux peut proportionnellement être plus développé que dans des plaines, où les éléments défensifs manquent.

Les campagnes de Frédéric II nous en offrent un exemple. Le roi comptait primitivement comprendre la province de Prusse dans le théâtre de la guerre contre les Russes; mais il ne tarda pas à voir qu'il aurait un trop grand développement en occupant la Prusse par une armée, la Saxe par une seconde, la Silésie par une troisième et en outre la force offensive au milieu de ces trois armées, et qu'il serait à craindre de les voir battre chacune séparément avant qu'il pût leur porter secours. Le roi sacrifia donc aux vrais principes stratégiques, en abandonnant la Vistule aux Russes, et se renferma dans le théâtre de la guerre situé entre l'Oder et l'Elbe, où, par la concentration de ses forces, il pût apparaître d'une manière décisive sur chaque point de l'échiquier.

Des considérations émises sur la force offensive et de son emploi, on peut encore déduire les principes et les règles qui suivent :

1. Sans places fortes et sans camps retranchés ce système de guerre est très-précaire.

2. Les forteresses qui exigent une force considé-

rable pour leur investissement sont, dans ce cas, les plus utiles.

3. Ce système de guerre est plus facile à exécuter lorsque la ligne d'opérations longe des fleuves sur lesquels les places fortes sont à cheval, et lorsque celles-ci offrent, en outre, des issues faciles avec de nombreuses voies de communication.

4. Il est en général avantageux que le terrain où l'ennemi doit nous attaquer soit ouvert, afin qu'on puisse le combattre avec toutes les armes.

5. Au contraire, un terrain entrecoupé offre des avantages, en général, pour y poster les petits corps avancés.

6. Lorsqu'on est supérieur en nombre à l'ennemi dans l'une ou l'autre arme, de petits corps peuvent remporter, suivant les circonstances, de grands avantages. Cette vérité ne fut pas assez sentie par les Autrichiens en 1796, en Allemagne, quoiqu'ils possédassent une cavalerie très-supérieure en nombre et en force.

L'union seule fait la force, et toutes choses égales d'ailleurs, celui-là a pour lui toutes les probabilités de vaincre, qui sait mettre en action au point décisif la plus grande force numérique. Il incombe à la stratégie de prendre les dispositions nécessaires pour assurer ce résultat, en rendant réellement disponibles, au moment décisif, les troupes dont on doit disposer, c'est-à-dire en les mettant sous la main, et non en les disséminant à des lieues de distance.

Les armées modernes, beaucoup plus nombreuses que les anciennes, ne peuvent s'avancer sur une seule route, mais doivent former plusieurs colonnes séparées. Tout revient donc à tromper l'adversaire sur la direction et la destination de ces colonnes, de manière à être sûr de les réunir sous la main, partout où on le juge nécessaire, avant que l'ennemi ne réussisse à rassembler les siennes.

Dans la campagne de 1809, Napoléon fut numériquement supérieur partout où il avait résolu d'agir d'une manière décisive, et il ne dut cet avantage qu'à la seule perfection de ses dispositions stratégiques. Ses forces étaient infiniment moins nombreuses que celles des Alliés, dans la campagne de 1814, et cependant ceux-ci furent battus par des forces supérieures à Montmirail et en d'autres endroits.

Il est bien naturel de se demander où est ce point décisif sur lequel il est nécessaire d'agir en force supérieure ? La stratégie théorique, quoique se croyant très-apte à répondre, ne le fait qu'hypothétiquement ; la véritable réponse doit être cherchée dans les vues personnelles du général en chef sur l'exécution de son plan, et ces vues n'admettent pas de prescriptions théoriques. Cependant les savants modernes nient cette impuissance de la théorie, et n'ayant aucune foi dans le génie, ils exigent despotiquement que celui-ci se soumette aveuglément à leurs maximes. Il serait préférable, nous paraît-il, de demander conseil à l'histoire elle-même, dont les enseignements pourraient justifier ou rectifier les opinions. On peut acquérir par des recherches logiques et des raisonnements rigoureux une certaine routine dans la détermination du point décisif, mais le génie seul en donne l'intuition, car si la combinaison suffisait pour y conduire, tout professeur de stratégie serait capitaine. A cet égard le général von Clausewitz s'exprime comme suit : « Malheur au capitaine qui admet cette défroque de règles trop mauvaises pour le génie auquel elles arrachent un sourire dédaigneux et font pitié ! Les actes mêmes du génie, voilà les plus belles règles. Malheur à la théorie qui se met en opposition avec l'esprit ! »

CHAPITRE HUITIÈME.

DES RETRAITES.

Il y a deux espèces de retraites stratégiques, l'une concentrique, l'autre excentrique, entre lesquelles on choisit, d'après la nature du terrain et la consistance de l'armée.

Si l'armée possède encore assez de forces et de consistance générale pour reprendre l'offensive, il sera plus convenable de se décider à la retraite concentrique, où toutes les forces restent réunies, afin de se reformer en bataille sur la première position favorable, soit pour arrêter l'ennemi lorsqu'on attend des renforts, soit pour l'attaquer promptement à la première faute qu'il commet dans sa poursuite, etc.

« Telle fut la retraite de Moreau après le passage de l'Adda par l'armée austro-russe. Le général français, après avoir couvert l'évacuation de Milan, vint prendre position entre le Pô et le Tanaro ; son camp, qui s'appuyait à Alexandrie et à Valence, deux places de guerre excellentes, avait l'avantage de couvrir les routes de Turin et de Savone, par où il pouvait opérer sa retraite, dans le cas où il ne réussirait pas à faire sa jonction avec le corps d'armée de Macdonald, qui avait reçu ordre de quitter le royaume de Naples et de hâter sa marche pour revenir en Toscane.

« Forcé d'abandonner cette position, par suite de l'insurrection du Piémont et de la Toscane, Moreau se retira sur Asti, où il apprit que sa communication avec la rivière de Gênes venait de lui être coupée par la prise de Céva. Après d'inutiles efforts pour rejoindre cette place, il vit qu'il ne pouvait espérer de salut qu'en se jetant dans les montagnes ; pour remplir ce but, il fit marcher tous les bagages et sa grosse artillerie sur la France, par le col de Fenestrelle ; puis, s'ouvrant un passage par le Saint-Bernard, il gagna Loano avec son artillerie de campagne et le peu d'équipages qu'il avait conservés. Par cette marche habile, il conserva sa communication avec la France et se trouvait à même d'observer les mouvements de l'armée de Naples, afin de faciliter sa jonction, en se portant sur les points nécessaires avec toutes ses forces réunies. Macdonald, qui ne pouvait espérer le succès de sa marche qu'en concentrant sa petite armée, négligea cependant cette précaution, et fut battu dans trois combats successifs au passage de la Trébia ; ainsi, par la lenteur de sa marche, il rendit les mesures de Moreau infructueuses, pour réunir les deux armées dans les plaines du Pô; et sa retraite, après de brillants et inutiles efforts au passage de la Trébia, fit échouer les dispositions que Moreau avait prises pour venir à son secours. L'inaction du maréchal Souvarow permit enfin au général français d'opérer sa jonction avec les débris de l'armée de Naples; concentrée sur l'Apennin, l'armée française se mit encore en mesure de défendre les positions importantes de la Ligurie, jusqu'au moment où les chances de la guerre lui ouvriraient les moyens de reprendre l'offensive (1). »

Lorsque, après une bataille décisive, une armée a perdu son artillerie et ses équipages, et que par conséquent elle n'est plus en état de reprendre l'offensive, ni même de pouvoir arrêter l'ennemi dans sa poursuite, il semble plus avantageux de diviser les débris de l'armée en plusieurs corps, qui se dirigeront par des voies différentes sur la ligne d'opérations pour se jeter dans les forteresses. C'est le seul moyen de les sauver, parce que l'ennemi, incertain sur la marche de l'armée vaincue, ne sait, au premier abord, quel corps poursuivre, et on peut tirer avantage de ce moment d'indécision pour gagner une marche. D'ailleurs, les mouvements d'un petit corps étant beaucoup plus faciles que ceux de grandes masses, cette disposition divergente est toute en faveur de l'armée qui bat en retraite, parce qu'elle parvient à se soustraire plus facilement à l'ennemi. Mais les marches doivent être ordonnées avec un peu plus d'habileté qu'elles ne le furent pour l'armée prus-

(1) Commentaire de la XIIIe maxime de guerre de Napoléon.

sienne en 1806 après la perte des batailles de Jéna et d'Auerstaedt.

Les considérations entièrement opposées qui doivent prévaloir dans les deux espèces de retraites, paraissent avoir totalement échappé à M. de Bülow, lorsqu'il écrivit sa théorie des retraites excentriques. Son imagination, plus qu'active, lui a peut-être fait voir le général en chef planant au-dessus de ses colonnes isolées et les conduisant par des fils invisibles. Mais si l'on reste à terre, on apprend, sans grande réflexion, qu'une retraite excentrique, faite avec des troupes qui ont encore assez de consistance pour se battre, est le moyen le plus infaillible de les en empêcher, parce qu'elles se débandent.

CHAPITRE NEUVIÈME.

DU MÉCANISME DES OPÉRATIONS STRATÉGIQUES.

———

1. GÉNÉRALITÉS.

Le désir de faciliter l'exposition du sujet sans effa-
roucher le lecteur par des formes abstraites et par un
vain étalage de mots creux, exige une certaine résolution pour entrer dans le domaine de la stratégie
pure, d'où une scolastique froide et malentendue n'a
que trop écarté le soldat. C'est du reste une singulière prétention de vouloir que l'on ajoute foi à
l'enseignement sans animation d'un art plein de vie,
et elle est d'autant plus singulière encore cette prétention, quand cet enseignement part d'autorités qui
n'ont jamais commandé en chef. On ne peut donc
nullement en vouloir au soldat pratique, lorsqu'on le

voit toucher avec quelque appréhension les stratégies
pures de MM. de Bülow, Wagner, Willissen et d'autres, et on ne peut lui imputer à mal de les regarder
de prime abord avec défiance, parce que les figures
et ces signes de mauvais augure, dits triangles d'opérations, l'effarouchent. Il est vrai que ces figures pré-
tendent posséder l'avantage de rendre le sujet plus
sensible et d'éviter de longues et ennuyeuses péri-
phrases. Que le lecteur, maîtrisant sa répulsion très-
excusable, veuille nous accompagner dans le domaine
des formes stratégiques, sous la réserve formelle de
n'en faire qu'une simple transition à la stratégie pratique elle-même.

Toute science, tout art exigeant des formes, il ne
peut en être autrement de la stratégie, mais les formes ne doivent pas être prises pour le sujet lui-même,
qui ne peut leur être sacrifié. Certaines gens n'atten-
dent leur salut que des formes et croient avoir tout
fait quand ils les ont réalisées : ce sont les pédants
qu'on retrouve dans tous les états.

Rien n'est plus facile que de subtiliser un système
à coups de combinaisons élaborées dans un cabinet
d'études, de rapetisser, à l'échelle de la forme, les actions des grands capitaines, et de démontrer victorieusement qu'ils ont réellement opéré très-pauvrement,
lors même qu'ils ont conquis la moitié du globe.

Loin de nous d'entrer dans une pareille voie et de
vouloir examiner, mesurer et critiquer les grands
actes des capitaines à l'aide de la règle et du compas,
ou de tout autre moyen matériel ; les considérations suivantes, au contraire, serviront à ramener la
doctrine stratégique à sa simplicité raisonnable et à

la dépouiller de cette fausse et stérile auréole. Si nous ne pouvons échapper à quelques lignes ou triangles, que le lecteur ne s'en effraye pas, mais qu'il les considère comme un innocent auxiliaire pour ses facultés perceptives.

2. DES SUBJECTIFS ET DES BASES D'OPÉRATIONS.

La signification de ces deux expressions a déjà été donnée.

Les vrais subjectifs sont, par la nature même des choses, les points de croisement de plusieurs routes, et pour qu'une base d'opérations composée de ces points soit bonne, il faut que les subjectifs puissent se relier par des grandes routes.

Les guerres offensives comme les guerres défensives partent d'une base d'opérations. La *première* ligne de places fortes d'une même frontière d'un État forme la base d'opérations naturelle pour l'offensive, tandis que la première base défensive sur la même frontière, se trouve souvent dans la *seconde* ligne de places fortes. Les localités mêmes doivent en décider ; par exemple, l'Espagne ayant pour frontière contre la France une chaîne de montagnes escarpées, prendra ces montagnes elles-mêmes, ou une ligne qui les avoisine, pour base offensive, et les forteresses de Rosas, Gerona, Figueras, Pamplune, en seront les subjectifs. La première base défensive, au contraire, ne se trouvera que sur l'Èbre, près de Saragosse et de Tarragone. La Belgique possède contre la France une excellente base offensive que les fortifications de Charleroi ont encore améliorée ; mais elle pèche par

Mons, comme place d'armes centrale, qui devrait se trouver plus en arrière, environ entre Namur et Gand.

La base offensive étant un élément fixe et la guerre offensive un élément variable, la marche des opérations forcera à établir une seconde base *devant* la première ou à renoncer, en général, aux avantages d'une base.

Ainsi les Français, après avoir passé la Vistule en 1807, n'avaient réellement pas de base offensive ; aussi s'empressèrent-ils d'en former une avec les points de Praga, Thorn et Mariembourg. Leur objectif étant l'armée russo-prussienne, ils allèrent à sa recherche et la battirent ; avec une chance contraire, et elle n'en était pas loin à Eylau, ils pouvaient se retirer sur l'un des trois points précités, en ne perdant que le terrain de la rive droite de la Vistule, et ces mêmes points leur permirent, dans un pays totalement ravagé, de tirer leurs subsistances d'autre part.

Napoléon dit : « Dans tous les cas où une armée marche à la conquête d'un pays, il faut, tous les cinq ou six jours de marche, avoir une place forte, ou une position retranchée sur la ligne d'opérations, pour y réunir des magasins de bouche et de guerre, y organiser les convois, et en faire un centre de mouvement, un point de repère, qui raccourcisse la ligne d'opérations de l'armée. » Son commentateur fait observer avec beaucoup de justesse que ces principes généraux de l'art furent totalement oubliés ou inconnus dans les guerres du moyen âge. Charles XII lui-même commit la faute d'abandonner sa ligne d'opérations et toute communication avec la Suède ; battu à Pultava, il fut réduit à chercher un refuge en Turquie. Son prédécesseur Gustave-Adolphe en agit tout différemment, et ses opérations en Allemagne furent hardies, mais bien réfléchies, pour se mettre à l'abri d'un revers. C'est de ses campagnes que commence une nouvelle ère pour l'art de la guerre, aussi bien sous le rapport tactique que stratégique.

Il est évident que Napoléon a méconnu la maxime précédente dans sa campagne de Russie, et dans toute sa grandeur il apparaît, sous ce rapport, beaucoup inférieur à l'illustre adversaire avec lequel il conclut un jour la paix de Campo-Formio.

La considération des subsistances, mentionnée ci-dessus, n'est pas la seule qui règle le choix d'une base d'opérations ; il y en a une autre encore, toute militaire. Nous y reviendrons plus tard, lorsqu'il sera question des lignes d'opérations, afin de ne pas nous écarter dans ce moment de l'idée d'une base d'opérations.

Supposons trois subjectifs a, b et c, reliés entre eux par des grandes routes :

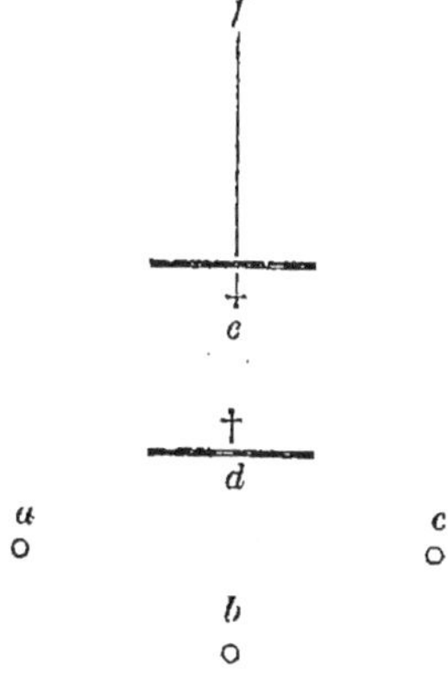

l'armée *d* aura la faculté de se rendre sur l'un ou l'autre de ces points aussi longtemps qu'elle se trouvera dans l'intérieur du triangle *a, b, c,* tandis qu'un ennemi placé en *c,* qui n'a qu'*une* ligne d'opérations, a un désavantage certain, car, ne pouvant par aucune manœuvre nous couper simultanément des trois subjectifs, il n'est nullement en mesure de nous forcer à accepter la bataille, si nous avons des motifs pour nous y refuser. Supposons que, masquant avec un corps le point *a,* il s'avance avec le restant de ses forces sur notre droite, nous conserverons, dans le cas le plus défavorable, la liberté de nous retirer sur *b,* et il ne pourrait reprendre l'avantage que dans le cas seul où nos opérations seraient assez maladroites pour que l'ennemi se mît entre nous et le point *b;* encore faudrait-il qu'on pût appeler avantageuse, la position d'une armée fractionnée par parties dans l'intérieur d'un grand triangle. L'ennemi devra en tout cas, pour être complétement vainqueur, livrer deux batailles.

Ce cas se présente rarement, quoique les annales de la guerre le mentionnent, entre autres, comme suit, dans la campagne de 1809.

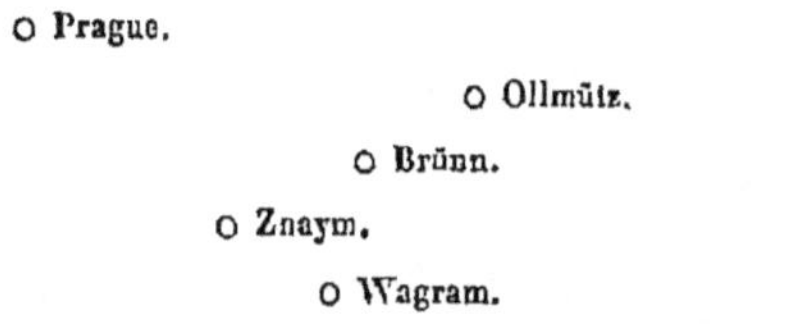

o Prague.

o Ollmütz.

o Brünn.

o Znaym.

o Wagram.

o Vienne.

o Komorn.

Les Autrichiens, appuyés sur les trois subjectifs Prague, Ollmütz et Komorn, occupaient Wagram.

Napoléon, ayant pris Vienne, était maître de la ligne de Vienne ou de Wagram à Komorn. Les Autrichiens ayant perdu la bataille de Wagram ne pouvaient songer à se retirer sur Komorn; aussi Napoléon, dans la croyance qu'ils opéraient leur retraite sur Ollmütz, marcha dans cette direction sur Brünn pendant que les Autrichiens filaient sur Znaym. Napoléon devait donc, afin de ne pas laisser couper sa ligne de retraite sur Vienne, battre une seconde fois les Autrichiens près de Znaym; mais le temps qu'il fallut perdre pour s'y rendre et la glorieuse résistance de l'arrière-garde autrichienne, qui combattit avec bravoure pendant trois jours, permit aux Autrichiens de gagner sans grandes difficultés Ollmütz, et alors même que Napoléon eût réussi à leur intercepter cette communication, en les tournant près de Znaym, il leur restait encore une libre retraite sur Prague.

Revenons à la première figure. L'armée *d* réussirait d'autant mieux à prendre l'offensive, qu'elle aurait derrière elle plus d'*un* subjectif, soit *deux* ou *trois*, sur lesquels elle pourrait se retirer en cas de revers.

C'est ce que l'on désigne par l'expression : *cette armée a une bonne base,* dont la signification la plus immédiate est : que cette armée, dans le cas même où le sort des armes lui serait contraire, aurait encore une issue que l'ennemi ne peut lui fermer.

Il s'ensuit aussi qu'il peut y avoir des frontières où l'armée n'aurait pas de bonne base.

Admettons que l'armée *d* se soit avancée en *g*.

$$\frac{d}{\underset{g}{\dagger}}$$

$$\underset{a}{\circ} \qquad\qquad \underset{c}{\circ}$$

$$\underset{b}{\circ}$$

elle formera à ce point un angle *agc* dont les deux côtés *ga* et *gc* conduisent aux objectifs *a* et *c*. M. de Bülow le nomme *angle d'opérations*, et ayant cherché à l'évaluer en chiffres, il est arrivé à ce résultat : qu'aussi longtemps que cet angle reste à 90 degrés, soit un peu au-dessus ou en dessous, l'armée conserve l'avantage ; mais dès qu'il s'abaisse à 60 ou 45 degrés, l'avantage de la base disparaît pour l'armée *d*, qui, dans les deux lignes d'opérations *ga* et *gc*, ne trouverait rien de plus que dans *une* seule ligne d'opérations *gb*.

Si la théorie n'infirme pas cette observation peu importante en elle-même, il n'en est pas de même de la pratique, et l'histoire enseigne que plusieurs opérations, où cette théorie a reçu un échec, ont plus heureusement réussi, que celles où l'on se tenait avec inquiétude à cette maxime, c'est-à-dire où l'on faisait arrêter ou même rétrograder l'armée de crainte que l'angle magique d'opérations ne devînt trop aigu.

5. DES COMMUNICATIONS.

Tout au monde a son prix ; il en est de même de la sûreté des communications avec les subjectifs ; il s'agit seulement de savoir s'il y a plus à gagner à sacrifier cette sûreté, qu'à la défendre. La réponse à cette question comprend un élément nouveau, pour lequel la stratégie théorique n'a pas de rubrique; nous voulons parler de cette considération, déjà souvent répétée, de la *personnalité* des généraux en chef opposés, de la supériorité intellectuelle de l'un sur l'autre, et enfin de l'esprit et de la valeur morale des troupes; la *force numérique,* le seul élément que la stratégie théorique admette dans ses données, ne vient alors qu'en *dernière* ligne.

La combinaison de ces différents éléments nous donnera un résultat que nous pourrions nommer le *moment* de la force guerroyante. La comparaison des moments des deux forces, tant de la nôtre que de l'ennemi, déterminera si l'on ose, peut ou doit, renoncer sans danger à maintenir cette communication, et ce que la théorie pourrait déclarer contraire à toutes les règles, peut devoir être pris pour règle, dès que les deux moments des forces précitées diffèrent trop l'un de l'autre.

Frédéric II, le duc Ferdinand de Brunswick et Napoléon ont souvent sacrifié leur communication avec leur subjectif, pour prendre hardiment l'offensive; confiants dans le moment de leur force, ils furent victorieux, tandis que les Autrichiens ont presque toujours opéré d'après les règles de la stratégie théorique et.... furent battus.

Lorsque, conformément au sens et à l'esprit de la stratégie pratique, il s'agit de sacrifier sa propre communication, il faut peser au préalable des considérations toutes différentes qu'aucune théorie n'enseigne. Ce sont les suivantes :

1° Savoir se mettre complétement à la place de l'ennemi, afin de juger ce qui lui resterait à faire dans tel cas donné.

2° Tirer de la position de l'ennemi le meilleur parti pour nous-mêmes à un moment donné et trouver les moyens de réaliser ce parti.

3° Se faire une idée exacte des difficultés qui nous seront opposées, ainsi que des moyens de les vaincre, du temps qui nous reste pour les dominer, ou à l'ennemi pour les utiliser. L'on verra alors si un seul coup hardi, qui anéantit d'un trait tous les plans de l'ennemi, est exécutable ou non.

4° Trouver enfin quel sera l'effet de notre conduite sur l'ennemi lui-même.

Tous ces éléments doivent être combinés d'une manière pratique, mais il faut surtout conserver l'initiative par l'un des deux moyens suivants :

1° Calculer exactement le temps nécessaire, et

2° Adopter des mesures énergiques dans lesquelles l'action suit de près la résolution.

Cependant tout ce qui précède est plutôt exemple que maxime, mais la stratégie théorique veut prescrire sans se préoccuper des exemples. L'histoire nous apprend qu'un grand capitaine ne se lie jamais trop craintivement à la sûreté de sa ligne d'opérations, mais que, confiant en lui-même, il ose hasarder des entreprises, tandis que le talent médiocre estime sa propre sûreté à un trop haut prix.

On doit admettre, par contre, que rien n'est plus avantageux, contre des esprits de ce genre, que de recourir à des manœuvres inquiétantes pour leur ligne d'opérations ; mais que ce procédé, la théorie dût-elle le confirmer dix fois, ne conduit jamais à un résultat devant un adversaire vigoureux ; parce qu'un général solide soutient tranquillement l'épreuve, fond sur cet adversaire qui le menace et tranche ainsi, à coups d'épée, toutes ces savantes combinaisons.

Pourquoi ces doctes stratéges n'ont-ils jamais risqué de faire valoir leurs sublimes leçons contre Napoléon? ou ne l'ont-ils osé que lorsqu'il n'était plus temps? Pourquoi ont-ils si rarement menacé sa ligne d'opérations qu'il a tant de fois exposée à leurs coups? Ils préférèrent ne pas se fier à l'efficacité de leur théorème contre l'immense supériorité de talent de ce téméraire. Celui qui, comme Frédéric et Napoléon, en est venu au point d'inspirer une telle opinion de lui, celui-là est seigneur et maître à la guerre, n'eût-il jamais ouvert un seul traité de stratégie.

Nous reprendrons ce sujet à l'occasion des recherches sur les lignes d'opérations.

4. DE L'IMPORTANCE ET DE LA VALEUR DES SUBJECTIFS.

Tous les subjectifs ne peuvent avoir pour nous la même valeur à toutes les périodes ou à tous les moments d'une opération.

On communique par les subjectifs avec les ressources ou les forces de l'État, restées sur nos derrières. Elles comprennent non-seulement les grands dépôts d'armes et d'approvisionnements de toute espèce, mais aussi les lieux du siége du gouvernement, les centres du commerce, de l'opinion publique, des capitaux, des renforts destinés à l'armée ; c'est ce faisceau de forces qui forme la puissance d'un État, et aussi longtemps qu'il n'est pas rompu, la guerre doit continuer sans qu'il puisse être question de subir la paix.

Les communications rapprochées ou éloignées, directes ou indirectes, avec ces sources de puissance, au moyen de subjectifs, déterminent la valeur réelle de ces places dans la marche des opérations; un exemple nous fera mieux comprendre :

o Berlin.

o Magdebourg.

o Wittemberg.

o Halle.

o Leipzig.

o Dresde.

o Erfurt.

o Jéna.

Supposons qu'une armée ennemie, ayant passé l Rhin, menace la partie sud-ouest de la Prusse dont l'armée, forcée par le sort des armes, se serait retirée jusque sur Leipzig, pour se trouver entre les trois subjectifs Erfurt, Wittemberg et Dresde. On pourra se demander quel est, dans ces conjonctures, le subjectif qui a pour nous le plus de valeur? Erfurt, ayant dû être abandonné, ne compte déjà plus et se trouve remplacé par Magdebourg.

Si le centre de notre force, la vraie source de puissance, se trouve à Berlin, Wittemberg sera de tous ces subjectifs le plus important; la perte de nos communications avec Wittemberg livre irrévocablement

Berlin, alors même que l'armée stationnée près de Leipzig ne serait pas perdue pour ce motif, puisqu'elle se base encore sur Magdebourg ou sur Dresde.

Si l'armée était forcée à passer l'Elbe près de Wittemberg, il ne lui resterait qu'à :

1° Livrer bataille pour sauver Berlin, ou

2° Sacrifier Berlin et changer de base.

En prenant le dernier parti, elle peut choisir entre Magdebourg et Dresde. Magdebourg assure nos communications avec la Westphalie, Dresde avec la Silésie. Si celle-ci l'emporte en importance sur l'autre, il en sera de même de Dresde, et notre retraite devra s'opérer sur cette place.

Supposons encore qu'à ce moment l'Autriche se range de notre côté, la valeur de Dresde baisse, celle de Magdebourg monte, etc.

La campagne de 1806 peut servir de second exemple :

L'armée prussienne ayant pour subjectifs Magdebourg, Erfurt et Dresde, se trouvait près de Jéna. Elle perdit cette dernière bataille et ne se trouva plus en état d'en tenter une seconde.

Elle considéra Magdebourg comme le subjectif le plus important, parce qu'il lui restait encore un corps détaché près de Halle, qu'elle perdit ainsi que Berlin et les Marches. Si elle avait pu se retirer sur Dresde, Berlin et le corps près de Halle n'en eussent pas moins été perdus, mais peut-être la Silésie et la Pologne eussent-elles été sauvées.

Ces exemples indiquent les calculs auxquels le

général en chef doit se livrer pour juger l'importance relative de ses subjectifs, afin de ne pas commettre de méprise. Entre trois subjectifs, celui du centre est généralement le plus important, mais cette règle admet beaucoup d'exceptions.

Nous sommes parti, jusqu'ici, de la supposition que l'armée ne quitte sa base d'opérations, que pour se mouvoir en avant ; nous devons examiner aussi l'hypothèse contraire, dans laquelle l'armée est forcée à se retirer dans la zone intérieure de ses trois subjectifs que nous avons désignés par a, b, c.

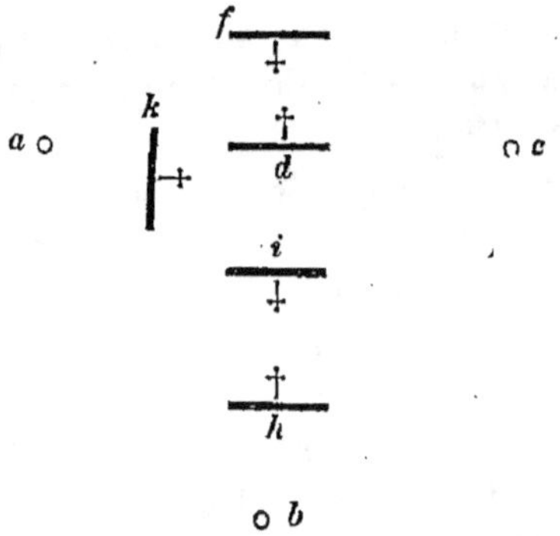

$$a \circ \qquad k \quad \begin{array}{c} f \\ \hline \dagger \\ \dagger \\ \hline d \\ \dagger \\ \hline i \\ \hline \dagger \\ \dagger \\ \hline h \end{array} \qquad \circ c$$

$$\circ\, b$$

Admettons que notre armée se trouve d'abord en d, entre a et c, presque en ligne droite ac. L'ennemi réussit à se mettre par une marche de flanc en k. L'armée d, coupée du point a, peut se retirer sur h, et l'ennemi, arrivé à sa poursuite en i, ne sera plus en mesure de la couper du subjectif b. L'armée d pourrait aussi se porter, dès le début des opérations, en b ou en c, selon que l'un ou l'autre de ces subjectifs l'intéresse. Mais si le point a est le plus important, on ne peut laisser l'ennemi se porter en k, et la nécessité de lui livrer bataille est démontrée.

Ce principe bien simple, et appuyé sur le sens commun, a donné matière aux savants pour en faire une théorie sublime, dans laquelle, faisant entrer avec beaucoup d'habileté des appréciations d'espace et de temps, ils arrivent à cette conséquence de leurs ingénieuses élucubrations mathématiques, que : le centre d'un triangle d'opérations équilatéral est la position la plus favorable pour une armée réduite à la défensive. C'est admirable! Que, parmi ces trois subjectifs, a soit le centre de puissance d'une province, b une petite ville retranchée, et c une forteresse tout aussi insignifiante, qu'importe à messieurs les théoriciens?

Le général von Clausewitz dit à cette occasion : « Si tout ce fatras n'était appuyé de quelques rapports mathématiques de temps et d'espace, de quelques déterminations d'angles et de lignes, on trouverait à peine, dans une telle misère, le sujet d'un problème à donner à un écolier. »

La stratégie pratique juge tout différemment, elle donne à la valeur stratégique des subjectifs son *indice*. Le degré de cet indice, et non quelques lignes fondamentales ou quelques angles, décide du choix de la manœuvre.

Dans ces cas, il s'agit en outre de tenir compte de l'*état* des subjectifs et de leur *position tactique*. Quand cette dernière est très-favorable et que le premier est très-rassurant, on peut abandonner, pendant un certain temps, à ses propres forces, le subjectif menacé par l'ennemi. Mais les subjectifs d'une faible puissance défensive qui, dès qu'ils sont en danger, doivent être gardés et protégés, comme un enfant à la lisière, sont des aides très-fâcheux, ainsi que nous l'avons déjà fait remarquer en parlant des places fortes.

L'importance et la valeur des subjectifs sont donc déterminées conditionnellement par la stratégie, la tactique et même la politique, par exemple, dans les coalitions.

5. DES MOUVEMENTS STRATÉGIQUES DANS LA ZONE ENTRE LES SUBJECTIFS.

L'armée qui se retire pour opérer entre ses subjectifs n'est bien basée que conditionnellement et ne conserve qu'une liberté relative de mouvements ; elle renonce ainsi à ses subjectifs avancés ou doit risquer une bataille pour les conserver.

Les subjectifs sacrifiés sont donc exposés aux attaques de l'ennemi. Si ce sont des places fortes de quelque valeur, on pourra, avec plus de sécurité, les abandonner à elles-mêmes pendant quelque temps; mais si elles ne peuvent se suffire et qu'on veuille les protéger, ce ne pourrait être que par un détachement, expédient qui nous affaiblit au moment même où nous avons le plus d'intérêt d'apparaître dans toute notre force. Il s'ensuit donc que les subjectifs ne sont bons qu'à la condition d'être tenables, ce qui nous donne encore une indication de la haute valeur que peuvent acquérir les places fortes à la guerre.

Supposons que l'on doive sacrifier les deux subjectifs *a* et *c* :

$$\overset{a}{\circ} \qquad\qquad\qquad \overset{c}{\circ}$$

$$\overset{\dagger}{d}$$

$$\overset{\circ}{b}$$

pour se retirer en *d*, nous serons restreints pour ce
moment au seul subjectif *b*, cas très-fréquent dans
la guerre défensive. Les conjonctures changeant, si
nous pouvons nous reporter en avant, les subjectifs *a*
et *c* rentrent immédiatement en activité, pourvu qu'ils
aient pu résister jusque-là. Qu'ils aient, au contraire,
dû se rendre pendant ce laps de temps, nous devrons,
avant tout, les reconquérir, et de subjectifs qu'ils
étaient d'abord, ils se trouvent changés malgré nous
en objectifs, ce qui forme le cas le plus défavorable
de la guerre défensive, dont le principe est la défaite
et non la conquête.

La perte d'un ou de plusieurs subjectifs peut ainsi
bouleverser tout notre plan de défense qui, dans ce
cas, n'admet que les deux expédients, de reconquérir
le subjectif perdu, ou de le remplacer par un autre
que nous choisirons en arrière en abandonnant à
l'ennemi la zone qui précède cette place. C'est ce
qui explique la phrase : « La perte de telle ou
telle place forte a entraîné celle de telle ou telle
province. »

Lorsque les trois subjectifs *a, b* et *c* ont une égale

valeur, et que les routes partant du centre *d*, occupé par l'armée, vers *a, b* ou *c*, sont également bonnes, on comprendra qu'une armée défensive, bien commandée, puisse manœuvrer longtemps avec beaucoup d'avantages entre ces subjectifs et déjouer, au moins pendant un certain temps, toutes les entreprises de l'ennemi contre l'un ou l'autre de ces subjectifs.

Dans les anciennes guerres, des campagnes entières ne se composaient parfois que d'une suite de manœuvres entre les subjectifs, ce qui leur donnait beaucoup de ressemblance avec le jeu d'échecs. Celui qui aurait du plaisir à étudier ces innocentes manœuvres de guerre, trouvera à satisfaire ses goûts dans les campagnes du maréchal de Luxembourg pendant les dernières années du XVIIᵉ siècle.

Lorsqu'une armée possède à la fois plusieurs subjectifs en arrière, la valeur des premiers diminue, et leur perte devient moins sensible ; mais celle-ci a toujours l'inconvénient d'enlever à l'armée une partie de sa liberté d'opérations, surtout quand elle vit des magasins.

Il est à peine nécessaire de faire observer que les armées vivant de réquisitions sont beaucoup moins liées à leurs subjectifs que celles qui vivent de leurs magasins.

6. BASE PROPRE ET BASE ENNEMIE.

Supposons qu'en face de notre base, l'ennemi établisse la sienne d'après les mêmes principes, il naîtra un rapport stratégique particulier.

Le premier cas à examiner est celui où les deux

partis ont l'intention d'agir offensivement ; les avantages et les inconvénients se balancent alors de part et d'autre, et si, en outre, la force des deux armées est la même, il ne reste plus qu'à tenir compte de la constitution du terrain entre les deux bases.

Le second cas se présente lorsque l'ennemi s'avance et nous force à nous retirer derrière nos subjectifs ; il s'éloigne par son mouvement des siens, ses transports deviennent plus difficiles, il est forcé de détacher pour assiéger les subjectifs que nous avons sacrifiés, etc.; mais il lui reste toujours l'avantage de l'*initiative*, que nous avons perdue. Nous conserverons, il est vrai, quelques moyens encore de nuire à l'ennemi, par exemple, de le couper de ses communications ; mais ce ne sont que des palliatifs dans lesquels nous jouons souvent nos magasins, voire même notre propre existence.

Il est donc de la plus haute importance de connaître à temps les mouvements de l'ennemi, pour lui opposer des dispositions contraires. Le meilleur moyen, comme il a déjà été dit, consiste à organiser un bon système d'avant-postes qui, par une prompte information, nous permettront ou de rester en place et d'accepter la bataille, ou d'en agir autrement, ce qui n'est pas sans importance.

Le troisième cas arrive quand nous quittons notre base et que nous repoussons l'ennemi ; c'est l'inverse du cas précédent. Ce qu'il importe le plus alors, c'est de garder un secret impénétrable.

a. *Direction différente des deux bases.*

Les deux bases peuvent être parallèles ou obliques

entre elles ; nous avons jusqu'ici supposé le premier cas, passons au second.

1. Notre base *cd* est perpendiculaire à celle *ab* de l'ennemi.

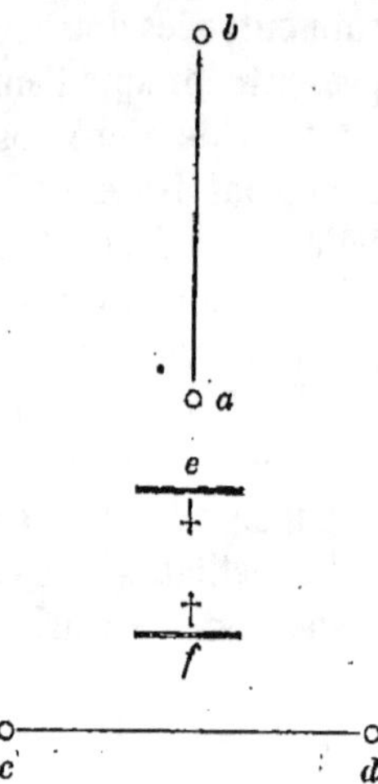

Le rapport stratégique qui se présente ici est très-simple. Si l'armée ennemie *e* fait face à la nôtre *f*, elle ne se base que sur un seul subjectif *a*, tandis que l'armée *f* dispose de ses deux subjectifs *c* et *d*. La distance de l'armée *f* aux points *c* ou *d*, ainsi que les routes de communication, peuvent modifier cet avantage.

2. Les deux bases n'étant ni parallèles ni perpendiculaires entre elles, mais se débordant comme ci-contre :

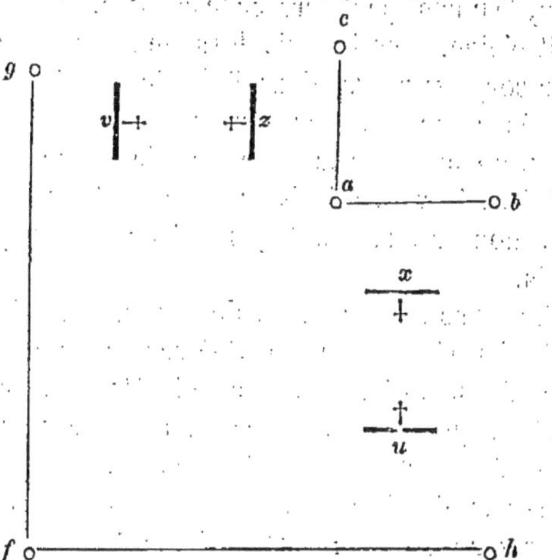

c, a, b étant la base enveloppée, et g, f, h la base enveloppante, il peut se présenter plusieurs cas :

Premier cas. Les deux armées groupées en masse en x et en u se faisant face, le seul avantage que l'armée u retirera de sa longue base, sera la liberté de se mouvoir dans toutes les directions, avantage qui sera fort amoindri si les subjectifs g, f, h n'ont pas la même valeur stratégique.

La campagne de 1806 démontre que l'avantage de la base enveloppante est moindre que la théorie ne le pense ; car la Prusse, qui croyait avoir la meilleure base possible, a vu prouver le contraire par une seule bataille.

Deuxième cas. L'armée u, s'étant divisée, s'avance de u et de v contre la base ennemie.

En réunissant ses forces sur l'un des points, tel

12.

que z, l'ennemi peut écraser le corps v, et sa victoire serait pleine et entière si, lors de son mouvement, notre corps u restait dans l'inaction. Mais ce corps d'armée u peut ou marcher contre le flanc de l'armée z, ou attaquer la base ac elle-même et forcer ainsi l'armée z à se désister de son attaque contre v et à renoncer aux avantages qu'elle avait déjà remportés.

Afin de se mettre en garde contre un tel événement, l'armée z laissera peut-être de prime abord un corps d'observation en x, ce qui rétablit l'équilibre. En effet, qu'un des deux corps d'armée v ou u soit battu, l'autre devra se retirer sans retard pour couvrir ses subjectifs; le désavantage de ce cas ne doit pas passer inaperçu; c'est à lui qu'est due la perte de la bataille de Kolin, où l'armée du feld-maréchal Keith, stationnée près de Prague, fut forcée à la retraite sans coup férir.

La pratique dément les enseignements de la théorie sur l'attaque concentrique; opérée par la tactique, elle peut offrir des avantages, mais non par la stratégie; ces deux attaques concentriques ne doivent donc jamais être confondues.

L'union seule fait la force. Le fractionnement n'est pas nuisible par lui-même, mais parce qu'il nous dépouille de la faculté de nous concentrer plus tôt que l'ennemi. La victoire appartient, en général, à celui qui, à forces égales, parvient à réunir les siennes, avant que l'ennemi n'ait réussi à opérer sa concentration. Telle est la seconde maxime fondamentale de la stratégie.

En effet, que l'armée enveloppée parvienne à se

concentrer la première en z ou en x, elle pourra battre séparément l'un des corps v ou u; dans ce cas, la distance, l'état des routes et le secret des opérations sont des conditions de réussite, parce qu'informé à temps de notre projet, l'ennemi saisira l'offensive avec ses forces v ou u, et l'opération entière de z pourra se trouver paralysée. Telle est l'ombre du tableau, mais il arrivera neuf fois sur dix que le but du mouvement de z sera atteint avant même que les corps ennemis, détachés en v et en u, ne puissent le soupçonner, ainsi que le prouvent les campagnes de Napoléon.

Les mathématiques ne suffisent pas ici pour décider entre les avantages et les inconvénients, et un nouvel élément vient s'ajouter aux rapports tactiques : la constitution du terrain. Si, par exemple, le corps x occupe une position telle qu'il puisse résister pendant un certain temps aux attaques de u, il aura d'autant plus de facilité à détacher une partie de ses forces z pour renforcer cette armée au point de pouvoir écraser l'ennemi en v.

L'armée enveloppée jouit de l'avantage constant de pouvoir opérer sa concentration par les marches les plus courtes, ce qui affaiblit le désavantage indiqué par la théorie. On peut même dire qu'avec de bonnes mesures, l'avantage sera toujours du côté de l'armée enveloppée, à la condition de bien garder le secret de ses mouvements, afin que l'ennemi n'ait plus le temps de prendre des dispositions contraires. La surprise entraîne ordinairement la défaite.

La campagne de 1760 en Westphalie expose clairement les avantages de l'armée enveloppée stratégiquement.

L'histoire des guerres offre des exemples intéressants de bases d'opérations enveloppées et enveloppantes, dans les deux cas d'offensive ou de défensive, surtout les campagnes de Napoléon. Frédéric II a porté maint coup accablant à la stratégie théorique, mais cela tenait surtout à l'extrême hardiesse de ses procédés qui ne peuvent donc être érigés en principes, mais qui entraînent la conséquence, qu'il ne peut y avoir de stratégie théorique positive. Ses corps d'armée étaient toujours très-éloignés les uns des autres ; ainsi le roi était à Rosbach, quand le duc de Bevern fut battu à Breslau ; il fondit sur les Autrichiens près de Leuthen et les y défit. Quoique son armée fût toujours enveloppée, il fut toujours victorieux. Il est vrai que le grand nombre de ses subjectifs lui servit d'utile auxiliaire, en lui donnant une grande liberté de mouvement.

b. *Bases multiples.*

Le plus grand avantage des bases d'opérations apparaît surtout lorsqu'elles se trouvent l'une derrière l'autre, de manière à se prêter un mutuel appui. Ni l'histoire, ni la science ne justifient l'opinion que l'on peut se passer d'une base d'opérations, et qu'elle n'est pas indispensable au succès ; cette pensée forme, non la règle, mais bien l'exception. Pour réussir dans de tels cas, il faut le concours de plusieurs circonstances favorables, telles que la supériorité numérique des forces opposées ou la prédominance du génie du chef, la bravoure exceptionnelle des troupes, ou encore l'abattement physique, intellectuel ou moral de l'adversaire. Ce sont ces circonstances qui permirent à Napoléon de commencer sa campagne d'Italie en 1796 sans base d'opérations ; mais à peine arrivé au Pô, il chercha à en établir une.

7. CONSÉQUENCES DES CONSIDÉRATIONS PRÉCÉDENTES.

1. Une base d'opérations donne à l'armée plus de facilités qu'un subjectif unique, pour assurer sa subsistance, en supposant toutefois que les subjectifs qui la composent, contiennent réellement des magasins de vivres.

2. Quand on vit des magasins, une bonne base favorise la mobilité de l'armée ; la mobilité disparaît sans base.

3. En cas de revers, une base augmente la sûreté de la retraite et couvre, mieux qu'un subjectif unique, les provinces en arrière.

4. Il est beaucoup plus difficile d'intercepter les vivres à une armée qui s'appuie à une bonne base.

5. Une bonne base d'opérations offre plus d'avantages encore dans la guerre défensive que dans l'offensive, surtout lorsque la nation prend part à la guerre.

6. Lorsque la base est trop éloignée de l'armée, son influence avantageuse disparaît en tout ou en partie ; surtout pour les subsistances, parce que les transports ne sont presque plus possibles.

7. Les avantages d'une base changent également quand on s'en rapproche trop, ou qu'on passe derrière elle.

8. La base, prise en flanc, cesse sa fonction de base d'opérations.

9. La base enveloppée offre l'avantage inhérent à une position centrale.

10. La base enveloppante exige la plus grande harmonie dans les opérations, sinon elle présente des désavantages.

11. La base même n'offre aucune garantie de possession ; c'est l'habileté des mouvements qui l'assure.

12. On peut, il est vrai, ouvrir une campagne sans avoir de base d'opérations, mais ce ne peut être que dans des circonstances exceptionnellement favorables.

13. Même dans la campagne la plus heureuse, il est bon d'établir le plus tôt possible une base d'opérations, à moins que l'on ne veuille livrer au hasard tous les avantages obtenus, et même sa propre existence.

CHAPITRE DIXIÈME.

DES LIGNES D'OPÉRATIONS.

---

1. GÉNÉRALITÉS.

Les stratéges théoriciens commettent ordinairement
la faute de voir dans la ligne d'opérations une ligne
mathématique qui réunit le subjectif à l'objectif. Ils
discutent ensuite les avantages ou les inconvénients
de deux ou plusieurs lignes d'opérations d'après leur
position mathématique, ou d'après les angles qu'elles
forment avec l'objectif, et négligent d'en apprécier
l'importance, d'après l'état des routes qu'elles suivent et la constitution du terrain, comme espace. Le
stratége pratique, au contraire, ne néglige jamais de
faire entrer très-soigneusement ces deux données
dans ses calculs.

Le choix heureux entre plusieurs lignes d'opérations existantes exige une habileté toute spéciale, qu'aucune théorie au monde n'est apte à donner. La situation relative des deux armées opposées, et cent autres circonstances pratiques, viennent compliquer la question et bâtonner les calculs géométriques. Dans ce cas encore, il faut recourir aux leçons de l'histoire.

Il y a des lignes principales d'opérations et des lignes secondaires d'opérations. Les premières désignent celles qui donnent accès à tous les points du théâtre de la guerre où nous pourrons porter à l'ennemi le coup le plus rude, car la première maxime de la stratégie c'est de saisir chaque fois l'ennemi à l'endroit le plus sensible.

Le mot, chaque fois, est la *variable* et constitue tout le secret de la stratégie, car dès que l'endroit le plus sensible est connu, faire du mal à l'ennemi n'est plus qu'une opération plus ou moins mécanique.

Nous reviendrons encore sur cette maxime de la stratégie, la plus importante de toutes.

La ligne principale d'opérations part en général du subjectif principal. Napoléon considéra en 1807 comme telle la ville de Thorn, qu'il fit immédiatement fortifier ; de Thorn, sa ligne principale d'opérations passait par Kœnigsberg, pour aboutir à l'armée russo-prussienne, qui était alors son objectif. La ligne sur Elbing et Mariembourg n'était, au contraire, qu'une ligne secondaire d'opérations.

Les lignes d'opérations ont pour nous une importance double :

1. Une importance militaire spéciale et propre, que l'on pourrait qualifier d'objective, et .

2. Une importance relative à nos moyens de subsistance et à nos communications en arrière, qu'on pourrait nommer subjective.

Ces deux importances devant être réciproquement pesées, sont par cela même relatives. Bien des faits sont subordonnés à la sûreté de nos moyens de subsistance, mais l'importance militaire d'une ligne d'opérations peut être telle, qu'elle obtienne la préférence, quoique traversant des contrées moins riches ; et alors cette ligne, militairement la plus importante, devient la ligne principale d'opérations.

Avant la bataille de Prague, le roi était basé sur Dresde, Schweidnitz, Glatz, Neisse et Zwickau, avec l'armée ennemie près de Prague pour objectif; il choisit la ligne de Dresde vers Prague, pour sa ligne principale d'opérations, parce qu'elle possédait la plus grande importance militaire; nous en verrons ultérieurement les motifs.

2. LONGUEUR DES LIGNES D'OPÉRATIONS.

Lorsqu'on a décidé la direction de la ligne principale d'opérations, il faut en examiner l'étendue.

Quand on s'écarte beaucoup d'un subjectif, il est avantageux et même nécessaire d'en établir un nouveau, parce que les difficultés du service des vivres croissent avec la longueur de la ligne d'opérations. De même on abandonnerait à l'ennemi, en cas de poursuite, une trop grande zone de terrain, si l'on ne trouvait de temps en temps des refuges dans les subjectifs tels que des places fortes. En outre, les retraites prolongées sur de longues lignes entraînent ordinairement de grands désordres ; enfin, plus la ligne d'opérations est longue, plus il est facile à l'ennemi de nous forcer à l'abandonner. La ligne d'opérations doit donc être aussi courte que possible, ou, si la distance à parcourir est fort grande, se composer de plusieurs tronçons.

L'on ne peut conclure évidemment qu'il faille s'arrêter, après une opération de quelques lieues, pour établir un nouveau subjectif ; mais il convient d'agir, tant dans ce cas que dans tous les autres, d'après la connaissance et l'appréciation de notre propre position et de celle de l'ennemi.

Si les alliés avaient voulu, en 1815, après la bataille de Waterloo, s'arrêter à Avesnes ou à Guise, pour y établir des subjectifs, avant de continuer leur marche sur Paris, cette conduite eût été aussi fautive que l'a été la course impétueuse de Napoléon en 1812, contre l'armée russe *non-défaite* encore, sans qu'il pensât à établir des subjectifs intermédiaires.

5. LIGNES MULTIPLES D'OPÉRATIONS.

Napoléon s'exprime comme suit sur les *lignes multiples* :

« Opérer par des directions éloignées entre elles et sans communications, est une faute qui ordinairement en fait commettre une seconde. La colonne détachée n'a des ordres que pour le premier jour ; ses opérations pour le second jour dépendent de ce qui est arrivé à la principale colonne ; ainsi, selon les circonstances, cette colonne perdra du temps pour attendre des ordres, ou bien elle agira au hasard. On doit donc avoir pour principe, qu'une armée doit toujours tenir toutes ses colonnes réunies, de manière que l'ennemi ne puisse pas s'introduire entre elles : lorsque, par des raisons quelconques on s'écarte de cette maxime, il faut que ces corps se dirigent vers un point fixe, sur lequel ils doivent se réunir ; ils doivent marcher sans hésiter et sans de nouveaux ordres ; enfin, il faut que ces corps soient le moins possible exposés à être attaqués isolément. »

L'armée autrichienne [1], sous les ordres du feld-maréchal Alvinzi, se divisa en deux corps qui devaient agir indépendamment, pour se réunir ensuite devant Mantoue. Le premier de ces corps, fort de quarante-cinq mille hommes, était sous les ordres d'Alvinzi ; il devait déboucher par Monte-Baldo, sur les positions que l'armée française occupait sur l'Adige. Le second corps, sous les ordres du général Provera, était destiné à agir sur le bas Adige, pour aller débloquer Mantoue. Napoléon, instruit des mouvements de l'ennemi, mais ne comprenant pas encore ses projets, se borna à concentrer ses masses et à donner l'ordre aux troupes de se tenir prêtes à manœuvrer. Cependant de nouveaux renseignements firent bientôt connaître au général en chef de l'armée française que le corps qui avait débouché par la Corona sur Monte-Baldo cherchait à faire sa jonction avec sa cavalerie et son artillerie, qui, après avoir traversé l'Adige à Dolce, se dirigeaient sur le plateau de Rivoli par la chaussée qui passe à Incarnale. Napoléon jugea dès lors que, maître du plateau, il pouvait s'opposer à

(1) Commentaire de la XIᵉ maxime de guerre de Napoléon.

cette jonction, et tourna en sa faveur toutes les chances de l'initiative ; il fit donc mettre les troupes en marche, et, à deux heures du matin, il occupait cette position importante. Maître du point de réunion des colonnes autrichiennes, le succès répondit à ses dispositions ; il repoussa toutes leurs attaques, fit sept mille prisonniers, prit douze pièces de canon et plusieurs drapeaux.

Il était deux heures après midi, la bataille de Rivoli était gagnée, lorsque Napoléon apprit que le général Provera avait passé l'Adige à Anghiari, et se dirigeait sur Mantoue ; il abandonne à ses lieutenants le soin de poursuivre la retraite d'Alvinzi, et se met lui-même à la tête d'une division, pour venir déjouer les projets de Provera. Par une marche rapide, il parvint à s'emparer de l'initiative, et à empêcher la garnison de Mantoue de se réunir avec l'armée de secours ; aussi le corps chargé du blocus, fier de combattre sous les yeux du vainqueur de Rivoli, força la garnison à rentrer dans la place, tandis que la division Victor, oubliant les fatigues d'une marche forcée, aborda avec impétuosité le front de l'armée de secours, pendant qu'une sortie des lignes de Saint-George la pressait en flanc, et que le corps d'Augereau, qui avait suivi la marche du général autrichien, l'attaquait sur ses derrières. Provera, cerné de toutes parts, capitula.

Napoléon ajoute à ces maximes les deux suivantes :

1° « Une armée ne doit avoir qu'une seule ligne d'opérations ; on doit la conserver avec soin, et ne l'abandonner que par suite de circonstances majeures. »

2° « Les intervalles que les corps d'armée doivent mettre entre eux, dans les marches, dépendent des localités, des circonstances et du but qu'on se propose.»

La première de ces maximes a déjà été émise par Montecuculli; la seconde donne lieu à quelques remarques.

Lorsqu'on marche loin de l'ennemi, il est naturel que les troupes profitent des avantages qu'offrent les chaussées ou autres grandes routes; mais si l'on marche au combat, ce ne peut être qu'en ordre de bataille, c'est-à-dire avec les intervalles nécessaires pour se déployer, ainsi tactiquement, comme déjà Frédéric II l'a prescrit.

Toutefois comme, avec les masses appelées à combattre dans les guerres modernes, on ne peut éviter de s'avancer sur plusieurs lignes d'opérations, tout revient à bien choisir le lieu destiné à servir de point de réunion. S'il est trop éloigné de l'objectif, c'est comme si, à partir du point de réunion, l'on n'avait qu'*une* seule ligne d'opérations; s'il est trop près ou même derrière l'objectif, on risque d'être battu en détail lorsque l'ennemi rompt à temps et tombe sur nos colonnes isolées. Telle était la position de Frédéric II avant la bataille de Prague; et le fractionnement de sa marche en avant aurait pu lui tourner bien à mal, si les Autrichiens avaient mis, ou pu mettre, plus de vitesse et plus de décision dans leurs contre-mesures. (Comparez à ce sujet les considérations sur l'art de la guerre de Rogniat.)

4. CHANGEMENT DE LA LIGNE D'OPÉRATIONS.

Napoléon dit, il est vrai, que l'on ne doit point abandonner sa ligne d'opérations, toutefois il ajoute :

15.

« Mais c'est une des manœuvres les plus habiles de l'art de la guerre de savoir la changer lorsqu'on y est autorisé par les circonstances. Une armée qui change habilement sa ligne d'opérations trompe l'ennemi qui ne sait plus où sont ses derrières, et les points faibles sur lesquels il peut la menacer. »

Frédéric[1] a quelquefois changé sa ligne d'opérations au milieu d'une campagne ; mais il en avait la facilité, puisqu'il manœuvrait alors au centre de l'Allemagne, pays abondant, où il pouvait trouver à fournir aux besoins de son armée, dans le cas où ses communications avec la Prusse eussent été coupées. Le maréchal de Turenne, dans la campagne de 1646, abandonna aussi tout à coup sa ligne de communication aux alliés ; mais, comme Frédéric, il faisait alors la guerre au centre de l'Allemagne, il marchait avec toutes ses forces réunies et, par la prise de Rhain, il eut la précaution de s'assurer une place de dépôt sur laquelle il pouvait baser ses opérations. Par des manœuvres pleines d'audace et de génie, il força ensuite l'armée impériale à lui abandonner ses magasins, et à rentrer en Autriche pour prendre ses quartiers d'hiver.

Il me semble cependant que de tels exemples ne doivent être imités, que lorsqu'on connaît bien la mesure du génie de son adversaire, et surtout lorsqu'on n'a pas à craindre une insurrection dans le pays où l'on porte le théâtre de la guerre.

(1) Commentaire de la XXe maxime de guerre de Napoléon.

5. DE L'INFLUENCE DU TERRAIN.

L'influence du terrain sous le rapport stratégique est tout autre que sous celui de la tactique, cette influence se manifeste, tant sur notre base, que sur la ligne d'opérations qui en part pour conduire à l'ennemi.

Il est, en général, très-avantageux d'avoir une ligne d'opérations entrecoupée çà et là d'accidents de terrain, parce qu'ils fournissent, surtout dans les cas de revers, des points d'arrêt et d'appui. Mais il peut aussi arriver que la constitution du terrain affaiblisse considérablement l'avantage de marcher sur plusieurs lignes d'opérations et change même toute la valeur de la base.

Soit la figure suivante :

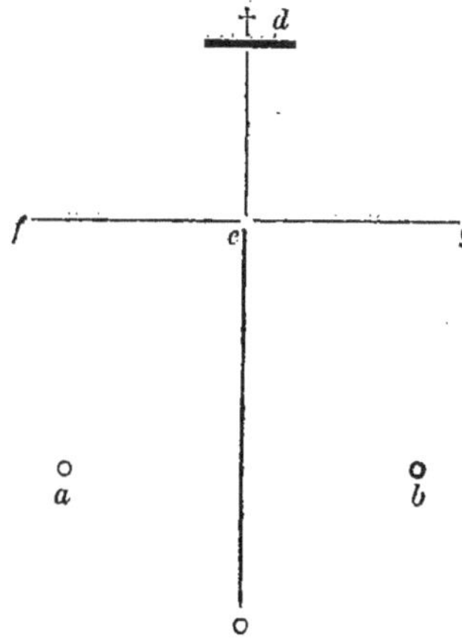

L'armée qui s'avance sur la ligne d'opérations *ce*

jusqu'en *d* sera bien basée sur *a*, *c* et *b*; mais, si la ligne *f,e,g* forme un obstacle important de terrain et si l'armée continue à s'avancer au delà de *e* jusqu'en *d*, par exemple, elle ne sera plus bien basée, du moment où l'obstacle *fg* ne pouvant être franchi qu'en *e*, elle se voit réduite au seul subjectif *c* et se trouve ainsi forcée, ou de faire halte en *e*, ou de se créer une nouvelle base au delà de *fg* avant d'avoir atteint *d*, pour continuer avec sûreté sa marche en avant.

Ce cas montre bien la différence entre la stratégie pratique et la stratégie théorique qui enseigne que l'armée *d* est convenablement basée, aussi longtemps que l'angle *adb* dépasse 60 degrés, tandis que l'autre s'inquiète peu du nombre de degrés de l'angle, mais beaucoup de la constitution du terrain.

Ces circonstances se présentent rarement dans notre Europe, riche en voies de communication. Cependant le cas s'offrira toutes les fois qu'une armée sera au delà d'un grand fleuve qui n'a qu'*un seul* point de passage, ou encore, lorsqu'une chaîne principale de montagnes coupe perpendiculairement la ligne d'opérations et, en général, lorsque notre base ne s'appuie que d'un côté d'un grand obstacle de terrain. Il s'ensuit que la première partie de notre ligne d'opérations se terminera toujours à la rencontre d'un tel obstacle et que l'on ne peut raisonnablement la prolonger, avant que l'on n'ait formé une nouvelle base, soit dans l'obstacle lui-même, soit au delà, ou que l'on n'ait ouvert à droite et à gauche plusieurs passages et qu'on les ait reliés avec les subjectifs en arrière *a* et *b*.

CHAPITRE ONZIÈME.

DES MANOEUVRES DESTINÉES A COUVRIR NOTRE LIGNE D'OPÉRATIONS OU A COUPER CELLE DE L'ENNEMI.

1. GÉNÉRALITÉS.

Les lignes d'opérations sont surtout importantes parce qu'elles forment les lignes de communication de l'armée avec ses magasins; de là l'expression connue : couper les communications à l'ennemi. Autrefois plus que de nos jours, des campagnes entières n'avaient pour objet que la possession de la ligne d'opérations de l'ennemi. D'après Bülow et ceux qui l'ont imité, le plus grand malheur qui puisse arriver à une armée, c'est de se voir couper sa ligne d'opérations; mais les grands capitaines y ont attaché moins

d'importance que les médiocres, et Frédéric II,
Napoléon etc., ont souvent exposé témérairement
leur ligne d'opérations, comme on le verra dans la
suite. Examinons d'abord théoriquement le sujet,
afin de trouver ce que la stratégie pratique peut en
tirer.

Les entreprises contre la ligne d'opérations de l'ennemi peuvent offrir trois cas principaux et trois cas
secondaires, dans lesquels la marche à suivre pour
l'attaque ou la défense pourra être la suivante :

2. PREMIER CAS PRINCIPAL.

L'armée A reste avec le gros de ses forces en face
de B, et détache un corps C contre la ligne d'opérations de l'ennemi B.

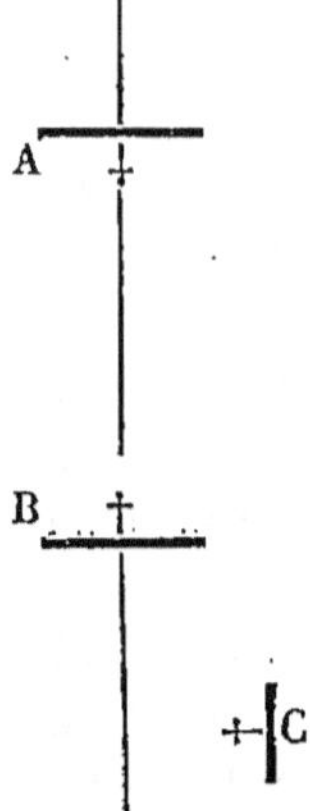

En supposant les deux armées de force égale, le
détachement précité affaiblit considérablement A ;
dès lors, si le général ennemi est un stratége plus

pratique que théorique, il n'hésitera pas, pour peu que le terrain s'y prête, à tomber avec ses forces réunies B sur la partie de l'armée restée en A et la battra. Dans ce cas le détachement se hâtera de reprendre de lui-même le chemin qu'il avait pris pour arriver en C, afin de ne pas s'exposer à être coupé.

Une attaque sur nos flancs, ou de revers, peut dans la tactique nous inquiéter beaucoup, parce qu'elle jouit de l'efficacité d'un feu concentrique et qu'elle intimide les troupes, lorsqu'elles ne sont pas particulièrement braves et bien disciplinées. Stratégiquement il n'en est pas de même, car pour nous forcer à renoncer à l'offensive et à battre en retraite, ou pour nous rompre et nous détruire, si nous restions passifs et attendions tranquillement que le coup soit porté, il faudrait, contrairement à la supposition, admettre un ennemi très-supérieur en force, pour que le détachement en question ait cette puissance.

La campagne de 1796, dans laquelle Wurmser pénétra en Italie à la tête de plusieurs colonnes pour dégager Mantoue, peut servir d'exemple pour le premier cas principal. Cette opération amena la bataille de Castiglione. Wurmser ayant détaché une colonne pour attaquer de revers les Français, Napoléon ne s'en préoccupa nullement, et après avoir concentré ses troupes, il alla à la rencontre de Wurmser, qu'il défit avec le concours d'Augereau, qui y gagna le titre de duc de Castiglione.

Nous trouvons encore des exemples analogues dans les guerres de Frédéric II, et alors même que le roi tentait en personne cette opération, il s'en trouva parfois mal, ainsi que le démontre le sort du général Fink près de Maxen. La marche de Fouqué vers Landshut, en 1760, rentre aussi dans cette catégorie, quoique Fouqué eût prédit d'avance au roi son sort.

Détacher un corps pour prendre l'armée ennemie à dos, n'est donc pas un moyen aussi infaillible que M. de Bülow et d'autres le pensent. Il peut toutefois être très-convenable dans certaines circonstances :

1. Quand on est très-supérieur à l'ennemi en force numérique ;

2. Lorsque l'ennemi occupe une position presque inexpugnable, dont on ne pourrait s'emparer sans répandre beaucoup de sang.

Quant à la manœuvre elle-même, il faut l'exécuter sur une grande courbe, de deux à trois jours de marche, afin que l'ennemi ne puisse, après avoir envoyé des troupes pour s'opposer au mouvement, les rappeler immédiatement et les utiliser tactiquement, si l'on en venait à une bataille avec le gros de l'armée. La condition première, c'est d'amener l'ennemi à faire un contre-détachement afin de l'attaquer lorsqu'il s'est ainsi privé de ses forces. Le plus dissimulé, le plus hardi et à la fois le plus tenace, remporte ordinairement la victoire.

Un des exemples les plus intéressants de l'espèce, c'est celui de Moreau en 1800, en ce qu'après avoir induit, par une grande habileté stratégique, le général Kray à détacher, il l'attaqua au même moment sur son front et le défit. Cet exemple sera développé un peu plus loin.

3. DEUXIÈME CAS PRINCIPAL.

L'armée A ne laisse qu'un faible corps en A et marche avec le gros de ses forces en C pour prendre de revers son ennemi B. Cette supposition ne change pas essentiellement les conditions générales du cas précédent, les forces respectives seules se sont trans-posées en A et en C. On peut en déduire incidemment, qu'à forces égales il n'y a rien à gagner stratégique-ment par le chiffre du détachement, mais il en est tout autrement dans la tactique, où un petit détache-ment ne sert ordinairement à rien.

Ce cas étant considéré du point de vue de la stra-tégie, on ne peut nier que le but d'attirer l'ennemi hors d'une position inexpugnable sera plus facilement atteint, lorsqu'on le tourne avec des forces impor-tantes. Il doit alors accepter la bataille ou même la rechercher, parce qu'il ne peut lui être indifférent de laisser les provinces situées en arrière tomber aux mains de l'ennemi.

Il reste toujours implicitement convenu, que celui qui cherche à tourner, doit être assez fort pour se passer entièrement du corps laissé en A, dans le combat qui suit inévitablement, parce qu'il ne peut être question de le faire rentrer.

On ne peut se dissimuler qu'une telle manœuvre expose, en tout ou en partie, nos propres communi-cations, et il s'agit de savoir, si l'on est certain de gagner de l'autre côté, autant que l'on peut perdre de celui-ci, afin de ne pas fuir la pluie pour se mettre sous la gouttière? Les exemples seuls peuvent répondre avec succès et nous avons pris ce qui précède dans la campagne de 1800.

Le cours entier du Danube était aux mains des Autrichiens, qui avaient, sous le commandement du feld-maréchal Kray, pris position entre Ulm et Günz-bourg, avec le Danube à dos : le général Moreau enveloppait son adversaire sur une ligne très-étendue, du Danube à Memmingen, et avait le gros de son armée à environ six milles du maréchal Kray; de sorte que tout son développement comportait près de quatorze milles.

Le principal effort de Moreau tendait d'abord à bien connaître la manière d'agir de son adversaire pour y conformer ses dispositions. Il se mit donc à manœuvrer et à détacher de petits corps qu'il renforça peu à peu sans déplacer le gros de l'armée.

Ce qu'il avait prévu arriva, les Autrichiens détachèrent à leur tour. Les détachements français occupèrent d'abord Schwabmünchen, puis Augsbourg; les détachements autrichiens les côtoyèrent, et s'appuyèrent au Lech. Les deux armées embrassaient au delà de seize milles d'étendue.

Moreau estimait encore si haut la valeur stratégique de son adversaire, qu'il lui supposa l'intention d'attaquer l'armée française affaiblie par ces détachements; il prit toutes ses dispositions en conséquence, en lançant entre autres au loin des avant-postes très-solides, qui pussent arrêter la marche de l'ennemi assez longtemps, pour lui donner le temps de faire rentrer au moins les détachements les plus voisins.

Mais Moreau avait prisé son adversaire trop haut

et dès qu'il lui fut connu, il cessa de le craindre.

Recherchons actuellement la position réciproque des deux armées.

Les Autrichiens avaient un magasin principal à Ingolstadt; les Français vivaient de réquisitions, leur ligne naturelle de communication allait vers le Rhin. D'après cela, les deux armées avaient leur ligne d'opérations sur leur flanc gauche, les Autrichiens sur Ingolstadt, Ratisbonne, etc., et les Français sur Biberach vers le Rhin. Les Autrichiens avaient de plus l'avantage de posséder le Tyrol et de voir Moreau acculé à un terrain difficile qui, en cas d'échec, devait augmenter considérablement les obstacles de sa retraite. Les Autrichiens étaient en outre maîtres de deux places fortes sur le Danube : Ulm et Ingolstadt; avaient derrière eux des provinces amies et, dans le cas le plus malheureux, la Bohême.

Les généraux de Kray l'engagèrent enfin à risquer une attaque, parce que ses avantages sautaient clairement aux yeux. Elle eut lieu le 5 juin. Mais Moreau avait un bon système d'avant-postes et d'excellents espions, il ordonna donc une retraite concentrique sur Biberach, tant pour se rapprocher de sa ligne d'opérations que pour éloigner les Autrichiens d'Ulm; il reçut ainsi l'ennemi dans une bonne position et repoussa l'attaque. Les Autrichiens avaient commis plusieurs fautes de tactique, et entre autres celle d'attaquer à la fois tous les avant-postes français, ce qui mit de la confusion dans leurs rangs, sans cependant parvenir à tromper un général aussi expérimenté que Moreau. Leur attaque principale manquant d'énergie dut échouer, ils rentrèrent dans leur ancienne position, et Moreau n'en devint que beaucoup plus hardi.

Il renforça à grand bruit son détachement sur le Lech. Kray en fit autant, dans la crainte de voir couper sa ligne d'opérations sur la Bavière. Moreau ayant dans ce moment la plus grande partie de ses forces au Lech, marcha en personne avec la plus petite partie contre Ulm. Kray n'y comprit plus rien ; irrésolu et incertain sur les intentions réelles de son adversaire, il persista dans une défensive inerte.

Moreau alla plus loin encore en poussant un détachement jusqu'à Ratisbonne, auquel les Autrichiens s'empressèrent d'en opposer un également.

Le plan de Moreau était actuellement mûr. Il avait réussi à occuper Kray pendant sept jours entiers près d'Ulm. Tout à coup, il fait rentrer tous les détachements au delà du Lech (à l'exception de celui qui occupait l'extrême droite), se met en personne à la tête de son armée, descend ce fleuve, passe le Danube à Donauwerth et va occuper avec 30,000 hommes le camp renommé de Schellenberg derrière la Wernitz.

La ligne d'opérations autrichienne étant ainsi coupée, Kray s'empressa de passer le Danube afin de gagner, par un long détour au delà de l'aile droite de l'armée française, la place d'Ingolstadt, abandonnant ainsi tout le haut Danube à l'ennemi. Cette marche ne se fit pas sans désordre, et si Moreau avait connu exactement l'état de l'armée autrichienne, il eût facilement réussi à la détruire.

Une bataille seule eût permis de rétablir les affaires de l'armée autrichienne qui avait dû abandonner sa zone stratégique; cette alternative est toujours fâcheuse.

En analysant le procédé de Moreau, il saute aux yeux, qu'en face d'un adversaire audacieux, mal lui en serait probablement avenu; mais Moreau connaissait son homme, *tant est grande à la guerre l'influence de la personnalité des généraux.*

Kray ne manquait pas de conseillers qui lui proposèrent de ne pas s'inquiéter des détachements français, de se concentrer et de tomber sur son adversaire fractionné. Mais pour un bon conseil, il faut toujours deux personnes, celle qui le donne et celle qui le comprend. Kray ne le comprit pas, parce qu'il ne pouvait se dégager de ses habitudes de faire la guerre d'après des systèmes scolastiques. Ce n'était qu'avec grande peine qu'on l'avait amené à faire sa pointe sur Biberach, mais rien au monde ne put le décider à exécuter son attaque avec énergie. Celle-ci ayant échoué, la position de ses conseillers devint encore beaucoup plus fâcheuse, car Kray se crut actuellement en droit de leur dire : « Vous le voyez, voilà ce qui sort de vos idées de génie. » Son entêtement devint complet, il n'obéit plus qu'à ses propres idées et nous venons de voir où elles le conduisirent.

Toute cette opération avait duré quarante jours, car Kray était arrivé le 11 mai à Ulm, et le 20 juin Moreau passait le Danube, comme si le temps était à la guerre l'élément le moins coûteux !

Un autre exemple instructif, c'est la conduite des

Russes à l'égard de Charles XII en 1709. Charles s'était laissé induire par Mazeppa à quitter la grande route de Moscou et à marcher vers l'Ukraine, sans avoir au préalable fait rentrer Löwenhaupt. Le Czar utilisa cette circonstance, fit simplement observer l'armée suédoise principale, pénétra avec ses forces sous Czeremetieff et Menzikow entre le Roi et Löwenhaupt et défit totalement celui-ci près de Liesna.

4. TROISIÈME CAS PRINCIPAL.

On marche avec toutes ses forces contre la ligne d'opérations de l'adversaire sans lui *rien* laisser en face.

Le rapport numérique reste le même, puisqu'on ne forme point de détachement. Toute la différence consiste en ce que l'on gagne la ligne d'opérations de l'ennemi et que l'on perd la sienne.

La théorie ne peut rien enseigner de décisif sur ce point, où tout dépend de la personnalité de l'adversaire. Celui qui est ainsi tourné, ne voit peut-être pas les choses d'un mauvais œil, il fait demi-tour et marche à l'ennemi. Mais la difficulté consiste à faire partager cette conviction aux généraux en sous-ordres et même aux soldats ; car plus la position de celui qui est tourné est mauvaise et plus ce mouvement éveille de fâcheuses préoccupations. Une patrouille tournée mettra peut-être bas les armes, un caractère audacieux répond par un coup d'estoc et par un bon mot énergique comme le prince Blücher près de Brienne.

Toutes les choses matérielles ont dans la vie commune et à la guerre une valeur échangeable, de même aussi la ligne d'opérations. Il ne s'agit donc que du chiffre même de cette valeur. Frédéric II et Napoléon ont plus d'une fois cédé leur ligne d'opérations, mais toujours à un prix élevé. Le prince Eugène de Savoie en fit autant, entre autres dans sa mémorable campagne d'Italie en 1706, où il abandonna sans aucun souci sa ligne d'opérations pour atteindre un but plus élevé, parce qu'il comptait sur son génie et sur sa fortune, éléments d'un grands poids à la guerre. Généralement Eugène était pénétré du véritable esprit guerrier, sans se préoccuper aucunement de quelque théorie que ce fût.

Le cas est toutefois trop important pour ne pas demander des recherches plus précises. Quatre circonstances doivent fixer notre attention :

1. Le terrain, non pas autant pour la marche elle-même que pour le lieu du combat; car il est inutile de faire remarquer qu'un tel moyen conduit à une bataille inévitable ;

2. La personnalité de l'adversaire, car cette manœuvre est très-dangereuse devant un ennemi hardi et entreprenant ;

3. Le système d'administration des subsistances, parce qu'il est plus difficile que l'on ne pense, d'abandonner une voie frayée, pour en ouvrir une nouvelle ;

4. Les rapports tactiques et le mode de correspondance.

Nous examinerons chacun de ces quatre points isolément.

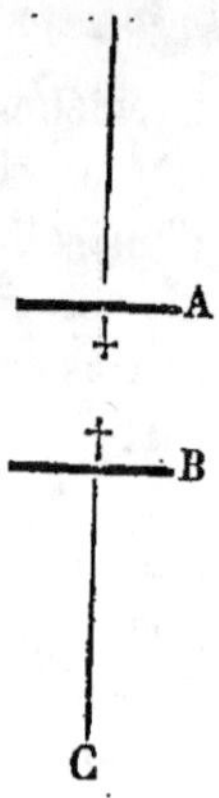

Admettons les deux armées opposées A et B, ayant l'une et l'autre leur ligne d'opérations au centre; l'armée A voulant tourner l'armée B et arriver en C.

a. *Le terrain.*

Lorsque l'armée A possède derrière elle une contrée riche en communications et en produits, et peut-être aussi ses propres magasins, tandis que l'armée B est en avant d'un pays sans routes, âpre et stérile, avec ses magasins en sûreté dans des places fortes, il y aurait un désavantage réel pour A, à chercher à tourner B. L'armée B laisserait filer tranquillement son adversaire, s'étendrait en avant, pour fourrager dans cette contrée opulente, et tomberait enfin sur cet adversaire à moitié affamé, empêtré dans des chemins difficiles ou arrêté par des places fortes. Ce désavantage s'accroît encore lorsqu'il n'y a pas sur les derrières de B de bonne position, que A puisse occuper pour défendre au besoin sa prise de la ligne d'opérations de l'ennemi.

b. *Personnalité de l'adversaire.*

Le chef vigoureux plein de talent, diffère surtout du chef mou dénué de talent, en ce que, se rendant compte des causes et des effets, il sait bien combiner, et n'attribuant aux causes que la puissance qu'elles renferment, il n'en exagère pas les effets et voit, dans les circonstances difficiles, le danger d'un œil calme sans le grossir. Le chef dénué de talent ne trouve en lui-même aucun moyen de percevoir et de juger les événements imprévus ; irrésolu et timide, le premier revers l'anéantit, et il arrive bientôt à redouter plus l'intelligence que l'épée de son adversaire, ce qui ne lui permet pas de prendre de bonnes dispositions, lors même qu'il ne les ignore pas (1).

Un général décidé peut hardiment tenter des manœuvres de cette espèce contre un tel ennemi ; c'était à peu près la position de Daun à l'égard de Frédéric II ; quoique n'étant pas sans talent, il croyait en-

(1) Voici le portrait que trace Napoléon du général, maxime LXXIII : « La première qualité du général en chef est d'avoir une tête froide, qui reçoive une impression juste des objets ; il ne doit pas se laisser éblouir par les bonnes ou mauvaises nouvelles ; les sensations qu'il reçoit ou successivement ou simultanément dans le cours d'une journée doivent se classer dans sa mémoire, de manière à n'occuper que la place qu'elles méritent d'occuper : car la raison et le jugement sont le résultat de la comparaison de plusieurs sensations prises en égale considération. Il est des hommes qui, par leur constitution physique et morale, se font de chaque chose un tableau : quelque savoir, quelque esprit, quelque courage et quelques bonnes qualités qu'ils aient d'ailleurs, la nature ne les a point appelés au commandement des armées et à la direction des grandes opérations de la guerre. »

trevoir, dans le plus petit mouvement du roi, un grand dessein et un immense danger pour sa propre sûreté.

Les campagnes du duc Ferdinand de Brunswick offrent à ce sujet les exemples les plus instructifs, parce qu'au milieu de grandes difficultés il eut à combattre, avec peu de forces, un ennemi supérieur en nombre. Il menaça fréquemment la ligne d'opérations de ses adversaires, pour se mettre dans des circonstances plus favorables, et il y réussit presque toujours. Mais toutes les fois que ses adversaires essayèrent d'en faire autant contre lui, il tombait dessus et déjouait leur entreprise.

c. *Des vivres.*

L'armée, qui vit de réquisitions opposée à celle qui est habituée à vivre de ses magasins, peut marcher avec plus de sécurité contre les communications ennemies, que réciproquement, parce que cette dernière armée sera bientôt forcée d'aller couvrir ses approvisionnements. C'est ainsi que les Autrichiens, en 1808, ne pouvant se dégager des entraves de leurs magasins, avaient toujours les yeux fixés sur Ingolstadt et, lorsqu'ils s'en virent coupés, ils cherchèrent à y revenir par des détours dans des chemins difficiles et au prix de leur matériel.

La fin malheureuse des opérations du duc de Bevern en Silésie, en 1757, ne doit pas être jugée trop sévèrement, parce qu'il était également astreint à vivre des magasins.

La liberté d'opérer prend racine dans le système réquisitionnaire. Il est très-difficile et très-chanceux d'entreprendre des manœuvres tournantes contre une armée qui vit de réquisitions, et pour y réussir il faut y ajouter d'autres éléments de succès, tels qu'un commandant particulièrement habile et décidé.

d. *Rapports tactiques.*

Toutes les manœuvres stratégiques finissent en dernière analyse par un acte tactique, et même ce qui a été gâté par la stratégie peut, en dernière instance, être restauré par la tactique. C'est le motif qui empêche la stratégie de savoir déterminer à l'avance l'issue d'une opération ou d'une campagne entière ; elle ne peut que préparer le rôle de la tactique, dont elle ne saurait se passer pour arriver à un résultat ; l'affaire principale est toujours que l'ennemi doit être battu. Quand on n'est pas sûr de la chance de remporter la victoire tactique, il ne suffit pas de tourner l'ennemi, parce qu'alors le succès de l'entreprise stratégique est d'autant moins utile qu'elle offre beaucoup de dangers.

Les rapports tactiques sont modifiés par différentes circonstances, telles que le terrain, la force numérique, l'armement des troupes, leur éducation militaire, leur moral, etc. Tous ces facteurs réunis forment le *moment tactique* qui emporte avec lui la probabilité de vaincre pour celui qui le possède au degré le plus élevé, à moins que le Dieu des combats n'en ait décidé autrement.

Il est donc indispensable, avant d'entreprendre une manœuvre tournante, de rechercher les rapports tactiques par la comparaison de son propre moment tactique avec celui de l'ennemi, et si celui-ci l'emporte, la manœuvre projetée n'est pas réalisable.

L'esprit du chef peut fortement exalter le moment tactique, ainsi que Bonaparte l'a prouvé dans ses premières campagnes d'Italie, qu'il ouvrit, en 1796, avec des soldats sans instruction militaire, sans vêtements, sans chaussure ; son armée ne comptait pas de cavalerie ; en un mot, son moment tactique était inférieur à celui des Autrichiens ; mais son génie sut faire pencher la balance en sa faveur. Il est donc nécessaire de distinguer l'esprit tactique d'un général de son talent stratégique.

Il importe surtout d'avoir des nouvelles exactes de l'ennemi, car si elles font défaut, marcher pour tourner, ne sera plus que marcher à l'aventure.

Nous pouvons passer maintenant, après l'examen de ces quatre points spéciaux, au développement du sujet même.

5. MAXIMES POUR LES MANOEUVRES TOURNANTES.

Supposons qu'après avoir pesé avec exactitude les quatre éléments précédents, on se soit réellement décidé à tourner l'ennemi.

L'on ne marchera avec toutes ses forces, que lorsque notre manœuvre se fait dans le secret le plus impénétrable, ou lorsque le système d'avant-postes de l'ennemi est tellement défectueux, qu'on puisse espérer le tromper par ruse, en lui faisant croire que nous sommes encore dans nos anciennes positions, alors qu'au contraire nous serions déjà en pleine marche de débordement. Ces manœuvres appartiennent plus à la tactique qu'à la stratégie, et l'on ne peut espérer de cacher longtemps à l'ennemi des mouvements stratégiques destinés à le tourner; aussi doit-on régler ses dispositions comme si l'on entreprenait le débordement en plein midi et sous les yeux mêmes de l'ennemi.

L'armée tournante ne doit pas rompre avec toutes ses forces à la fois, mais risquer un simple détachement et observer l'impression qu'il fait sur l'ennemi et les dispositions qu'il lui oppose; si à son tour il détache, on renforce le premier détachement; si l'ennemi nous imite encore, le jeu est pour ainsi dire gagné pour nous, qui n'avons plus qu'à marcher rapidement, avec le gros de nos forces, pour atteindre complétement le but, ainsi que Moreau sut le faire dans l'exemple précité. Si, au contraire, l'ennemi, restant impassible, méprise notre petite manœuvre, nous devons être sur nos gardes, car il n'attend probablement que l'instant, où il nous verra encore plus affaiblis, pour nous accabler avec des forces supérieures. C'est le moment de faire rentrer nos détachements, ou de l'attaquer nous-mêmes, en faisant concourir à une attaque concentrique, toutes les fractions détachées. Telle était la maxime que le duc de Brunswick mit souvent à exécution, entre autres à Minden.

Il faut encore observer que celui qui a le plus grand désir de se battre, est aussi celui qui peut tirer le plus d'avantages d'une manœuvre tournante, mais il doit comprendre dans ses calculs la distance absolue de l'ennemi. Ainsi, sur un théâtre de la guerre de trente à quarante milles de profondeur, personne ne se préoccupera beaucoup, en voyant l'adversaire entreprendre un débordement sur dix ou vingt milles de détour, parce que le temps ne manquera pas pour prendre des dispositions contraires; à de pareilles distances, de très-timides généraux seuls battent immédiatement en retraite.

Il est instructif de lire, sur ce sujet, les remarques critiques de Venturini sur la dernière et la plus importante campagne du xviiie siècle.

CHAPITRE DOUZIÈME.

ACTION RÉCIPROQUE DE LA STRATÉGIE ET DE LA TACTIQUE. BATAILLES DÉCISIVES.

Il se présente des cas, où l'on attaque à dessein l'ennemi, pour lui faire perdre à la fois la bataille et sa ligne d'opérations. La stratégie se bornant à préparer une telle manœuvre dont l'exécution appartient à la tactique, on ne peut l'exposer ici que d'une manière secondaire.

L'exécution tactique de cette entreprise consiste à combiner des attaques de flanc et de revers avec l'attaque de front, parce que celle-ci isolée est impuissante à couper la ligne d'opérations de l'ennemi, qui peut la couvrir par un simple mouvement en arrière. Quand la manœuvre réussit, sa fin place l'armée victorieuse plus près du subjectif de l'ennemi qu'il n'en est lui-même rapproché. L'attaque des Français contre les Prussiens à Ligny appartient à cette catégorie. Napoléon, par la percée de Ligny même et par la possession de la chaussée de Namur, avait gagné la ligne d'opérations prussienne qui passait naturellement par Namur et Liége. Mais les Prussiens, s'étant rabattus sur les Anglais, gagnèrent avec eux la bataille décisive de Waterloo, qui rétablit ainsi la ligne d'opérations prussienne. Entre-temps l'énergie de la manœuvre française s'était vengée contre quelques bagages prussiens, etc. Cette manœuvre doit être regardée comme prématurée dans tous les cas, parce qu'elle ne conduisait à rien aussi longtemps que les Anglais n'étaient pas battus ; mais en supposant un moment la disparition des Anglais, il est évident que les Prussiens eussent fait une pauvre retraite avec la ligne de la Meuse aux mains des Français.

En général, ce procédé, comparé à tous les autres qui sont basés sur des détachements, offre les avantages suivants :

1° En supposant que l'ennemi veuille nous attaquer au moment même de l'exécution, il nous est encore loisible d'accepter ou de refuser le combat. Mais si nous avons déjà exécuté la dislocation de nos détachements, nous devons achever le rôle commencé, car tout détachement peut se comparer à la pierre que la main a lâchée, c'est-à-dire que nous avons perdu sur lui la plus grande partie de notre pouvoir.

2° Un revers n'entraînerait que rarement la dissolution de nos forces, parce que nous sommes en ordre de bataille serré. Les détachements conduisent au contraire fréquemment à des retraites excentriques et celles-ci mènent à la déroute. Lorsque la manœuvre réussit, il faut ne pas perdre de temps et profiter énergiquement de la victoire. Dès que l'ennemi est chassé de sa ligne d'opérations, notre succès croît à mesure que nous serrons l'armée défaite, forcée d'agrandir proportionnellement la courbe qu'elle décrit pour regagner sa ligne d'opérations, ce qui prolonge son état de confusion et de dissolution. C'est cette circonstance qui est désastreuse pour l'armée battue, quand le vainqueur sait l'utiliser, car il peut toujours se mouvoir sur la corde de l'arc que cette armée doit parcourir. Elle ne peut perdre aucun moment, et son arrière-garde, n'osant jamais s'arrêter longtemps, n'est guère apte à opposer de résistance, si elle ne veut se laisser couper ou entourer.

Ces considérations ont pour corollaire direct la maxime : qu'il faut lancer en avant le corps qui a le moins souffert dans la bataille, avec la mission de harceler sans répit l'ennemi, et le faire suivre à une certaine distance par un second corps, pour que, dans le cas d'un secours imprévu donné à l'ennemi, le premier corps, dont la poursuite doit être incessante et méthodique, ne manque pas de renfort. La marche en avant d'une armée victorieuse prend ainsi le caractère d'un mouvement par échelons.

C'est ainsi que se confirme encore le principe que : la stratégie indique le *but* à atteindre et que la tactique donne le *moyen* d'y parvenir.

La bataille de Wagram, abstraction faite de certaines circonstances sans objet ici, peut servir d'exemple pour le cas que nous venons de développer. La stratégie avait préparé une attaque de front, mais la tactique se servit du côté des Français d'une attaque de flanc pour remporter la victoire. Le coup frappé par la tactique prit le devant et les manœuvres stratégiques le suivirent.

Outre les cas où la stratégie se sert de la tactique pour atteindre son but, comme dans les débordements, il peut s'en présenter d'autres, où la tactique et la stratégie se servent d'un seul et même moyen pour atteindre un seul et même but. Il est donc nécessaire de bien distinguer le débordement tactique, du débordement stratégique.

Le *débordement tactique* met l'ennemi dans une situation telle qu'il doit, ou se battre avec désavantage dans la position choisie, ou que, n'osant y rester plus longtemps, il est forcé de l'abandonner, quelque avantageuse qu'elle soit du reste.

Le *débordement stratégique* chasse l'ennemi de sa ligne d'opérations.

On peut dégager de ces données et de la réunion de ces deux buts, la véritable notion du point d'attaque tactique et stratégique. Lorsqu'ils viennent coïncider à la guerre, on peut s'attendre aux résultats les plus vastes et les plus éclatants, aussi la tactique doit-elle savoir offrir tous les moyens imaginables pour écarter toutes les difficultés, tant du terrain que de la formation ennemie, afin d'arriver à ce but magnifique.

A la bataille de Leuthen, le point d'attaque stratégique se trouvait à l'aile gauche autrichienne; la connaissance pratique de l'art de la guerre que possédait le roi sut y réunir également le point d'attaque tactique, nonobstant les difficultés du terrain, et cette réunion des deux points décida la victoire.

Dans ce cas nous voyons la tactique et la stratégie se toucher de très-près quoique leurs buts restent et doivent rester distincts ; celui de la tactique ne peut jamais être autre que de remporter la victoire aux meilleures conditions possibles et de satisfaire à un intérêt donné, or cet intérêt doit être indiqué par la stratégie. C'est ensuite de ces considérations que la victoire, qui n'a pas été préparée par une combinaison stratégique, renfermât-elle les faits d'armes les plus brillants, n'est qu'un événement stérile qui sacrifie la vie de plusieurs milliers d'hommes, sans décider en rien la campagne.

C'est un avantage immense et incalculable que le général en chef soit à la fois stratége et tacticien, comme Frédéric II par exemple. Ce roi et le prince Eugène surent projeter eux-mêmes leurs plans, y adapter toutes leurs dispositions premières, faire eux-mêmes les préparatifs du combat et, arrivés sur le champ de bataille, mettre l'épée à la main et exécuter avec la plus grande énergie, comme tacticiens, leurs propres combinaisons stratégiques. Il y a des stratéges dont les combinaisons sont parfaites, mais qui ne savent pas même diriger le combat d'une seule division.

Le général Pelet, ce critique sévère de Napoléon, qualifie ces esprits de « guerriers de cabinet, » il pousse sa sentence encore plus loin, en prétendant que les faiseurs de combinaisons et de calculs scolastiques, tout en n'ayant même jamais su conduire avec certitude tactique un seul peloton, prennent souvent la licence de critiquer, après coup, les opérations des plus grands capitaines. Il y a par contre des tacticiens qui sont parfaits aussi longtemps qu'ils n'ont qu'à exécuter ce que le stratége leur a donné pour thème, mais qui ne s'entendent nullement à rattacher à leurs opérations la moindre combinaison stratégique. On ne peut attendre de résultat éclatant là, où la tactique et la stratégie ne sont pas réunies dans la personne du général en chef, ou en sont forcément séparées par des circonstances politiques. L'Autriche a beaucoup souffert de cette division dans la guerre de sept ans et presque dans toutes les guerres subséquentes. Les combinaisons stratégiques se faisaient à Vienne, loin de la scène des actions, et le vieil et digne Daun aura dû souvent tirer l'épée en secouant la tête et n'exécuter qu'à regret tactiquement ce qu'une stratégie surannée lui prescrivait. Les Autrichiens se sont le plus souvent bien battus comme tacticiens, ils peuvent même invoquer de beaux faits d'armes isolés, mais aucune de leurs victoires, pas même celle qui est si renommée de Hochkirch, ne fut suivie du résultat qu'on était en droit d'attendre. La critique doit bien peser cette remarque.

Nous revenons encore une fois sur cette vérité bien reconnue, que partout et toujours il n'y a qu'une seule et même stratégie, parce que le but était toujours le même, mais qu'elle ne s'est pas toujours servie des mêmes moyens. Tant que la stratégie était défectueuse, on voyait livrer des batailles sans autre objet que pour combattre; il s'ensuivait que de tout le sang versé, il ne pouvait germer qu'un maigre fruit, suite de la victoire, parce que le résultat disparaissait avec la fumée du dernier coup de canon. L'histoire des anciennes guerres est très-riche en exemples de cette nature, et les dernières n'en sont pas totalement exemptes. On peut faire en partie ce reproche même au duc Ferdinand, car il serait difficile de démontrer le but de la bataille de Bergen, et d'indiquer les motifs pour lesquels celle de Minden n'a été livrée qu'à Minden et non déjà à la Diemel. Le duc a déployé dans toutes ses batailles de grands talents tactiques, mais toutes ne supportent pas l'épreuve stratégique. En revanche ses manœuvres sont de vrais chefs-d'œuvre.

La découverte de la réunion de la tactique et de la stratégie vers un seul et même but a été plusieurs fois sur le point d'être faite, mais il appartenait aux derniers temps, de l'inscrire radieuse dans l'histoire de l'art de la guerre et cela par le plus grand stratége et tacticien du siècle, par Napoléon.

Aussi combien ses buts sont-ils grandioses, et surtout quand on les compare à ceux de la guerre de sept ans et même des campagnes du Rhin ! Alors la conquête d'une province passait pour la fin suprême d'une campagne, et l'on se bornait à tirer, en guise d'accompagnement, quelques coups de canon à l'ennemi, qui déblayait lentement le terrain. Il était réservé à Napoléon de préparer stratégiquement et d'achever tactiquement les batailles décisives.

Les batailles décisives sont celles où les buts stratégiques et tactiques agissent réciproquement et coïncident.

Frédéric II a eu, en plusieurs circonstances, l'intention tactique de rendre ses batailles décisives, comme près de Zorndorf et de Kunersdorf ; mais ou la préparation stratégique n'avait pas frayé les voies à la tactique, ou le roi se faisait illusion sur ses forces comme à Kunersdorf, car même la meilleure préparation stratégique exige, pour fournir un résultat, que l'on dispose de certains poids ou valeurs tactiques qui ne soient pas à dédaigner.

Napoléon a déjà enseigné, en 1805 et 1806, mais surtout dans sa campagne de 1809, les immenses résultats que l'art actuel de la guerre sait amener par les batailles décisives.

La campagne de 1759 dans la Hesse électorale contraste singulièrement avec de tels résultats. La bataille de Minden, ce monument mémorable de la vaillance anglaise, ne porta presque pas de fruit; les singulières allées et venues des vainqueurs les épuisèrent, et une stratégie mal entendue oublia, devant le petit succès du moment, le grand avantage de la campagne. Moins les batailles renferment d'éléments stratégiques, plus elles se rapprochent d'un duel en grand, qui maintient intact l'honneur individuel, mais n'exerce aucune influence sur l'ensemble.

Cette campagne précitée dans la Hesse est toutefois très-importante comme étude, parce qu'elle fait connaître l'état de la stratégie de cette époque et contient des batailles qui, ayant manqué de préparation stratégique, doivent être pour nous de sérieux avertissements.

C'était un peu mieux dans l'armée du roi; aussi trouve-t-on dans ses campagnes postérieures quelques traces d'une stratégie qui fait défaut à ses premières. Elles sont toutes des modèles de grandeur tactique, mais elles n'ont pas toutes les marques d'une préparation stratégique convenable pour en faire des batailles décisives.

Les premières guerres de Silésie n'avaient pour objet que la conquête du pays, mais déjà dans les différentes campagnes de la guerre de sept ans, on remarque beaucoup plus d'éléments stratégiques. Que l'on suppose gagnée la bataille de Kolin et l'histoire eût enregistré un résultat tel que les batailles de Napoléon seul ont su en amener. Ici encore le succès manque par l'insuffisance des moyens tactiques, et notons-le bien, l'idée de la réserve n'avait pas encore été saisie, comme Napoléon sut nous l'enseigner plus tard.

La bataille de Leuthen fait une glorieuse exception. Peu importe que ce soit le hasard ou l'intention, le point d'attaque tactique coïncida avec le point stratégique, et rendit la victoire de l'armée prussienne décisive. Les fruits en eussent pu être plus abondants encore et l'eussent même été, si les Prussiens avaient pu mettre en jeu de plus grandes forces tactiques, mais ils durent se contenter de battre, avec 50,000 hommes, 90,000 Autrichiens, ce que Napoléon regarde même comme une fable, à moins que les derniers n'aient, dit-il, dormi.

La bataille de Zorndorf doit être jugée tout différemment. La haine personnelle du roi contre les Russes l'induisit à la partialité.

Le roi a prouvé plus d'une fois dans les campagnes postérieures que son intention était de chasser l'ennemi de sa ligne d'opérations par le combat et d'en faire, sinon une bataille décisive, au moins une bataille qui amenât un résultat certain.

Ce qui empêcha Frédéric d'élever déjà à cette époque la stratégie à une grande hauteur, ce fut l'état inférieur de la tactique de l'infanterie de son temps, comparée à celle d'aujourd'hui (car personne ne pourra nier la supériorité de la cavalerie de cette époque sur celle d'aujourd'hui), et l'ignorance de l'emploi d'une réserve en grand. La réserve seule fit défaut à Kunersdorf, car la victoire tenait à un fil et la stratégie moderne n'eût pas trouvé de meilleure préparation.

Un autre obstacle important, contre lequel il se heurta, fut l'état imparfait de son artillerie et aujourd'hui encore on ne peut comprendre, si toutefois les relations sont exactes, comment la batterie formée sur le Janusberg put réussir à donner la main à la cavalerie de Seidlitz, puisqu'elle s'y rapportait comme l'éléphant à l'aigle.

Un troisième obstacle se trouve dans cette circonstance que le roi, vu le développement du théâtre de la guerre, fut forcé d'en changer fréquemment la scène et de la transporter d'une frontière à l'autre. Celui qui est astreint à jouer le rôle de partisan ne peut naturellement pas suivre un système stratégique défini et encore moins le perfectionner; c'est pourquoi le grand drame de la guerre de sept ans manque d'unité artistique.

Quoi qu'il en soit, Frédéric II et le duc Ferdinand brilleront toujours dans les annales de l'art de la guerre comme de grands généraux, et de même que la révolution française sépara dans la tactique le vieux du nouveau, la guerre de sept ans fit cette séparation pour la stratégie. Les divagations et les fantasmagories systématiques qui surgirent bientôt après le démontrent assez, parce que tel est aujourd'hui le cas, quand le suranné risque le dernier coup d'aile contre les créations nouvelles.

Si nous réunissons tous ces développements en un seul principe, nous dirons que les guerres de nos jours, d'après le point acquis dans l'histoire, ne se décideront plus par des manœuvres inoffensives, ni par des batailles de parade, mais qu'elles auront pour but d'abattre totalement ou d'anéantir l'adversaire. C'est un motif de peu de durée pour ces guerres, quand ce ne sont pas des guerres civiles contre la brutalité, comme celles des Grecs contre les Turcs. C'est ainsi que doivent être jugées les campagnes de Napoléon.

L'empereur n'a jamais eu la pensée de décider ses campagnes par de simples manœuvres ; il est vrai qu'il y a eu recours, mais dans le seul but d'arriver au combat, comme à Jéna et à Marengo ; ou de gagner du temps, comme en 1809 au Danube. Son principe fondamental a toujours été de chercher à terminer partout la guerre par une bataille décisive ; ce qui ne les a pas rendues plus sanglantes que les autres. La campagne de 1805 mérite toute notre attention ; on l'y voit, près d'Ulm et d'Emmedingen, tourner avec toutes ses forces l'armée autrichienne, l'obliger, après plusieurs combats, à s'éparpiller et contraindre l'armée austro-italienne à rebrousser chemin ; la guerre eût déjà été terminée à cette époque, si l'entrée en lice des Russes n'était venue jeter un nouveau poids dans la balance.

Il eût été impossible de mieux préparer stratégiquement la campagne de 1806, pour laquelle la diplomatie maladroite des adversaires de Napoléon lui fraya le chemin à une bataille décisive. Celle de 1809 n'est pas moins intéressante, mais elle opéra sur de plus grandes masses. Bien que Napoléon ne disposât à l'ouverture de la campagne que de 90,000 hommes et les Autrichiens de 200,000, il sut employer ses forces suivant l'esprit du nouvel art de la guerre, tandis que les Autrichiens, se cramponnant aux vieilles idées, espéraient célébrer des victoires par des démonstrations et amener une heureuse issue par des combats partiels.

D'après les idées admises à cette époque, l'indice de l'art de la guerre consistait à arriver avec rapidité et certitude stratégique à la bataille et à la rendre décisive par la coïncidence des points d'attaque tactique et stratégique, pour autant que le grand ordonnateur des combats n'en eût décidé autrement et pris les faibles sous sa protection.

La manœuvre la plus décisive consiste, comme il a été dit, à chasser l'ennemi de sa ligne d'opérations, par la stratégie et la tactique réunies; mais cette opération se simplifie ou se complique d'après l'angle que fait cette ligne avec la ligne de bataille ennemie.

Supposons que la ligne d'opérations de l'ennemi se trouve sur l'une des ailes de la ligne de bataille, comme ci-dessous :

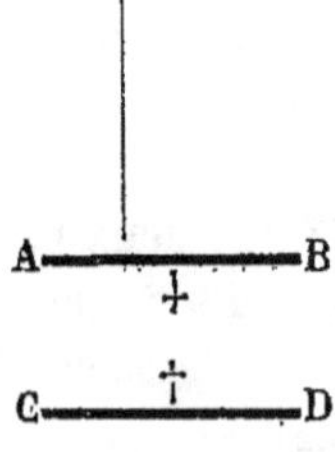

1° Le point d'attaque le plus naturel est, dans ce cas, l'aile A, où la ligne d'opérations vient aboutir ; c'est donc sur cette aile que l'on dirigera ses coups, à moins que des considérations tactiques particulières ne s'y opposent, parce que, si l'on donne à l'attaque la puissance nécessaire par le concours opportun de la réserve, il ne restera à l'ennemi, en cas de défaite, aucun moyen de sauver sa ligne d'opérations qu'il devra nous abandonner.

2° On peut aussi faire sur le front AB de l'ennemi une attaque directe, tandis qu'on le prend de revers, en le tournant en A, au moyen de la réserve. Ce genre d'attaque a été très en vogue dans ces derniers temps, parce que l'effectif élevé des troupes légères facilitait cette manœuvre et que le chiffre des combattants s'y prêtait ; cette même attaque a été employée dans les guerres précédentes à la bataille de Torgau.

Lorsque la ligne d'opérations de l'ennemi se trouve au centre de sa ligne de bataille, il faut recourir aux manœuvres, pour l'engager à opérer un changement de front qui amène sa ligne d'opérations à l'une des ailes et procéder ensuite à l'attaque comme dans le cas précédent.

Napoléon fit un usage fréquent de cette espèce de manœuvre plus stratégique que tactique, entre autres à Jéna, à Auerstædt, à Eckmühl, à Wagram, etc.

Les circonstances et autres conjonctures, que le général en chef est seul en mesure de bien apprécier, décident du choix de l'une de ces méthodes. Généralement la plus audacieuse est la plus décisive, et l'on ne saurait trop répéter que le secret des victoires stratégiques se trouve dans la personnalité du général en chef et non dans les combinaisons mathématiques.

Le hasard disposant souvent à la guerre des forces, le capitaine le plus habile cherche à en tirer le meilleur parti sans se lier à des maximes invariables.

Mais le talent consiste à annuler à priori et par tous les moyens possibles l'influence maligne du hasard; ce talent, appuyé sur la prudence, est souvent un don de la fortune; ainsi Frédéric II était plus heureux que prudent; le duc Ferdinand de Brunswick l'un et l'autre, et Daun très-prudent et peut-être même trop, pour captiver les faveurs de la fortune.

Plus dans une campagne on hâte l'heure du combat, moins on abandonnera de chances au hasard, ce que Frédéric II et Napoléon ne perdirent jamais de vue. La bataille est le moyen le plus direct d'arriver au but; et la manœuvre, le plus éloigné. De longues marches et des manœuvres étendues fatiguent les troupes et fournissent plus d'occasions de voir surgir des obstacles de toute espèce. C'est ce que les Autrichiens ont très-bien démontré dans la guerre de sept ans; après avoir marché pendant des mois entiers pour échapper à la bataille, il fallait en revenir là quand même, et alors, ils se faisaient battre comme à Liegnitz. C'est ce qui advint aux Prussiens en 1806; ils acceptèrent, il est vrai, la bataille, mais seulement après avoir cherché à l'éviter, et elle eût peut-être été mieux à sa place de l'autre côté de la forêt de Thuringe où les colonnes françaises marchaient encore isolément.

APPLICATION DES CONSIDÉRATIONS PRÉCÉDENTES A LA DÉFENSIVE.

Dans la défensive comme, en général, dans toute mauvaise situation imaginable à la guerre, une victoire complète peut nous délivrer de tout péril; seulement dans ce cas la victoire est amenée par une voie autre que dans les circonstances ordinaires, par la voie stratégique; car la tactique n'a qu'un chemin pour y conduire, celui de la force des armes.

Le parti offensif court toute espèce de périls et de risques, que nous avons appris à connaître et dont la défensive doit savoir tirer ses succès. Car si nous attendons avec patience que l'ennemi ait terminé et parfait sa manœuvre stratégique, le coup suit de près, et l'ennemi, échappé à ces périls et à ces risques, fait bientôt de nous sa victime (Jéna et Auerstædt).

L'ennemi doit toujours procéder contre nous d'après l'une des trois méthodes déjà exposées précédemment, savoir :

1° Il cherche à nous tourner avec une partie de ses forces ;

2° Il veut nous tourner avec toutes ses forces réunies ;

3° Enfin il prend une position en flanc et vient nous livrer bataille avec son armée entière.

Le quatrième cas d'une attaque directe sur notre

front n'est réellement que de nature tactique et sort de notre cadre [1].

Les moyens d'atteindre les buts de la guerre étant, en général, de nature stratégique ou de nature tactique, l'on voit, au premier coup d'œil, que l'assaillant dispose de beaucoup plus de moyens stratégiques, que celui qui doit se défendre, et c'est en cela que consiste, en grande partie, la supériorité de l'offensive sur la défensive. L'assaillant peut manœuvrer comme il veut et aussi longtemps qu'il le veut, jusqu'à ce qu'il croie avoir atteint son but ; celui qui se défend n'a pas cette latitude, parce qu'une seüle fausse manœuvre l'entraîne à sa perte. L'assaillant peut au besoin réparer un faux pas, comme Blücher après le combat de Montmirail en 1814; le défenseur ne le peut plus, comme Finck à Maxen; en un mot le premier peut se réserver beaucoup plus longtemps l'initiative que le second.

Celui qui est sur la défensive doit donc chercher à renforcer ses moyens d'action par d'autres procédés, puisqu'il n'en trouve, en général, pas dans les rapports de sa situation même. Ils consistent le plus souvent :

1° A exalter les moyens tactiques. (Meilleure discipline de combat.)

2° A s'aider des moyens que lui offre la fortification qui fait totalement défaut à l'assaillant.

3° A faire un retour offensif vigoureux et opportun.

(1) D'après la théorie du colonel Von Willissen on aurait :
    1. Le simple débordement (le meilleur) ;
    2. Le débordement double (le plus mauvais) ;
    3. La rupture (ligne d'opération intérieure de Jomini).

Ces moyens suffisent souvent pendant longtemps pour éviter le coup, comme il arriva, par exemple, au duc de Bevern avant la bataille de Breslau et à Frédéric II près de Bunzelwitz ; mais d'après les notions de l'art actuel de la guerre, ce cas se présentera moins souvent, parce que des mesures défensives pures, ou dites absolues, ne suffisent plus de nos jours, pour faire échouer des opérations offensives bien conduites par l'adversaire.

Il peut tout au plus convenir d'attendre tranquillement l'ennemi, lorsque des obstacles extraordinaires de terrain renforcent une position et sont perdus du moment où l'on en sort.

Elle est donc généralement très-fausse l'opinion, qui admet que la défensive réclame moins d'activité que l'offensive; ce n'est au contraire que par une activité immense, par un retour offensif rapide et opportun destiné à contrecarrer les plans de l'adversaire, que l'on peut espérer de bien se tirer d'une position défensive compliquée. Ou en d'autres mots : contre tous les moyens offensifs que l'ennemi peut employer pour nous chasser de notre ligne d'opérations, nous devons avoir des dispositions contraires toutes préparées. Frédéric II et peut-être plus encore le duc Ferdinand de Brunswick se sont érigés en maîtres dans cet art. Mais il n'est guère possible d'éviter le combat, à moins de remonter aux principes des temps les plus reculés et d'abandonner à l'ennemi le pays entier, comme le firent les Russes en 1812.

Nous renvoyons au chapitre sixième de ce volume qui traite de la défensive stratégique et de ses propriétés caractéristiques.

CHAPITRE TREIZIÈME.

DE L'INFLUENCE DES COMBATS ET DES BATAILLES SUR LES OPÉRATIONS STRATÉGIQUES.

---

1. INFLUENCE DES COMBATS.

On doit naturellement séparer les petits combats
des grands, parce que l'influence des premiers sur les
opérations stratégiques est très-insignifiante et ne
peut se faire sentir que très-exceptionnellement;
mais ils influent d'autant plus sur l'exécution même
du système de guerre, sur la tactique et par celle-ci,
seulement d'une manière indirecte, sur les combinaisons stratégiques elles-mêmes.

Les petits combats heureux trempent les forces
des troupes et en grandissent le courage; ils donnent de la hardiesse aux jeunes soldats, leur inspirent

de la confiance en eux et en leurs officiers et les mettent en estime près de l'ennemi.

Les troupes légères surtout ne peuvent se former que par le combat même; ce sont elles qui ont, comme il a été dit, une influence certaine et décisive sur la bonne préparation des opérations, parce que le service des avant-postes leur est confié et que c'est ce service auquel il incombe de nous initier aux mouvements de l'ennemi et de déguiser les nôtres. Il est donc de la plus haute importance d'avoir des troupes légères aguerries et en nombre suffisant, et dès lors la nécessité de cette espèce de combats est justifiée, puisque l'éducation de ces troupes ne peut se faire qu'avec leur concours.

Des combats plus grands n'exercent réellement d'influence sur les opérations, que lorsqu'ils se répètent souvent et se terminent à notre avantage. De simples combats livrés avec ménagement ne constituent que des faits isolés qui, payant souvent très-cher la gloire de vaincre, ne décident en rien la marche de la campagne.

2. COMBATS DE CORPS D'ARMÉE.

Les combats particuliers de corps d'armée ne peuvent influer sur les opérations stratégiques que dans certains cas; ainsi, livré en face de toute l'armée, un tel combat exerce rarement une grande influence, tandis qu'exécuté sur les flancs au détriment de l'ennemi, il peut entraîner un changement complet de toutes les dispositions projetées. Par exemple, la retraite du corps ennemi défait découvre l'une des ailes de l'armée, exige donc le renfort d'un autre corps pour la soutenir et affaiblit ainsi sa force sur son front même. Il faut donc avant tout tenir compte de la distance de ce corps à l'armée, parce que c'est elle qui détermine l'importance des suites du combat, et tous les corps qui flanquent doivent se garder de se décider trop tôt à la retraite, parce que leur précipitation peut entraîner de graves dangers pour l'armée entière.

La force numérique doit également être prise en considération. Des armées peu nombreuses doivent éviter avec soin tous les combats partiels, tandis que des armées plus fortes peuvent les tenter, parce qu'alors même qu'ils se terminent à son désavantage, le préjudice n'est pas toujours très-grand; elles ont aussi plus de facilités pour remplacer le corps battu par des troupes fraîches, tandis qu'une armée, inférieure en nombre, a probablement déjà disposé de toutes ses forces; dans ce cas on doit aussi avoir égard à la distance à laquelle les combats ont lieu, parce qu'elle indique s'il est possible de réparer les pertes à temps et avant que l'ennemi ne tire de son succès un résultat utile pour la marche de ses opérations.

Le cas est tout autre quand des corps ont la mission de couvrir non-seulement le flanc d'une armée, mais celui du théâtre de la guerre entier, et possèdent en conséquence une force suffisante pour garder un pareil développement. Il suffit de le dire pour le démontrer, que par cela seul que le flanc de tout un théâtre de la guerre a dû être abandonné à l'ennemi, les opérations doivent subir un changement radical.

Un tel événement a pour conséquence immédiate de devoir à l'instant même appeler à l'action la force offensive, placée ordinairement au milieu de ce théâtre, pour lui faire couvrir la brèche, et de nous priver de l'immense ressource d'agir avec cette même force d'une manière décisive à un point et à un instant donnés. La guerre de sept ans offre plusieurs exemples de ces circonstances. Il se présente encore un cas spécial, lorsque le corps chargé de couvrir notre dos dans une marche en avant, est défait. Un tel accident peut au premier moment être fort préjudiciable, parce qu'il ébranle ordinairement beaucoup le moral de l'armée et même de la nation ; mais si le général en chef ne perd pas contenance et que du reste les troupes soient braves, le mal s'amoindrit bientôt, surtout quand il ne manque pas en arrière de places fortes sous la protection desquelles les débris peuvent se rallier. Un tel accident est plus dangereux lorsqu'il arrive au moment même où l'armée livre une bataille sur son front, parce qu'alors le courage décroît ici, à mesure qu'il augmente chez l'ennemi ; la retraite devient périlleuse et parfois même impossible, les sources de renfort sont bouchées et la marche entière de l'opération peut devoir être totalement modifiée.

La guerre de sept ans contient encore de tels exemples, entre autres la campagne de 1759 à l'époque de la bataille de Minden, où le corps français du duc de Brissac couvrant le dos de Contades, fut défait par le prince héréditaire de Brunswick, pendant que Contades perdait lui-même sur son front la bataille précitée.

5. INFLUENCE DES BATAILLES.

Ce n'est pas à tort que l'on a qualifié les batailles, de remède universel à la guerre, car il n'y a aucun danger, aucune circonstance, quelque malheureuse qu'elle soit, d'où une bataille gagnée ne puisse nous tirer, et d'un autre côté, la perte d'une bataille peut contre-carrer et même anéantir le meilleur plan destiné à chasser l'ennemi. Les premières campagnes de Masséna en Espagne sont la démonstration complète du premier cas, et du second, la bataille de Liegnitz (1760) du côté des Autrichiens.

Les batailles peuvent être considérées sous deux points de vue absolument différents :

1° L'on se bat pour anéantir en une fois l'ennemi, ce sont les batailles décisives;

2° L'on se bat pour se battre, c'est-à-dire pour triompher de l'ennemi sur un espace donné, et pour le laisser courir quand ce but est atteint.

Les batailles de la première espèce influent, comme il a été dit, d'une manière complète et décisive sur la marche des opérations; celles de la deuxième espèce ne viennent qu'en seconde ligne et dans un rang subordonné.

On pourrait qualifier ces dernières d'intermittentes, parce qu'elles paraissent se livrer régulièrement à certaines périodes d'une campagne. Elles étaient plus fréquentes dans le siècle précédent, où, après s'être battu, on restait en place pour tirer des salves de victoire et on laissait l'ennemi se retirer tranquillement; l'on se battait aussi par bienséance militaire, ou pour la possession de quartiers d'hiver commodes, etc. Le but grandiose des batailles n'était pas aussi hautement reconnu que de nos jours, et, confondant le moyen avec le but, on avait même la présomption de penser, que l'on pouvait atteindre le but entier de la guerre, sans même livrer de combat, erreur à laquelle plus personne ne croit aujourd'hui. Frédéric II et le duc de Brunswick, quoiqu'ayant donné aussi des exemples contraires, n'étaient pas entièrement au-dessus des idées de leur époque, car nous n'aurions ni la bataille de Mollwitz, ni celles de Bergen et de Minden.

La principale erreur consistait à admettre que le combat n'avait pour objet que d'éloigner l'ennemi, ce qui faisait nommer les batailles un duel avec des armées, et lorsqu'on réussissait à battre son adversaire, on manquait surtout des moyens nécessaires pour utiliser à fond la victoire. D'un autre côté, les ordres de bataille de cette époque favorisaient singulièrement les retraites, ou plutôt empêchaient la poursuite, parce que la cavalerie, qui seule peut achever la défaite de l'ennemi lorsque le coup est porté, était le plus souvent reléguée aux ailes, et, fractionnée dans ses attaques qui se faisaient par régiment, elle s'y exténuait. Ajoutons que la préparation stratégique, rarement d'accord avec les considérations tactiques, leur était le plus souvent sacrifiée. Dans les derniers temps seulement l'art et surtout Napoléon se sont rapprochés du grand but de la guerre.

Cependant les batailles, pour exercer une influence marquée sur les opérations, ne doivent pas manquer de préparation stratégique; celle-ci en forme au contraire la condition première. La plus favorable consiste toujours à diriger l'armée de telle manière que, par la perte de la bataille, l'ennemi coupé de ses magasins et de ses moyens de renfort, soit réduit à une dissolution complète. La tactique pourra l'amener à se dissoudre soit :

1° En tirant parti de l'ordre de bataille vicieux de l'ennemi, ou de la composition de ses forces, comme Napoléon à Jéna avec l'armée prussienne, ou,

2° En poursuivant l'ennemi jour et nuit et sans relâche, comme le fit Blücher contre les Français après Waterloo, ou enfin,

3° En opérant avec la plus puissante énergie sur le point d'attaque stratégique, comme à Wagram.

Lorsqu'on enfreint ces maximes, les batailles peuvent bien être sanglantes, mais elles n'influeront que médiocrement sur les opérations.

Il a été dit que l'attaque directe ou de front est un moyen extrême, mais il ne produit rien de décisif et il rend la victoire aussi coûteuse que la défaite quand la valeur des troupes est égale de part et d'autre. Souvenons-nous que Bonaparte, après la bataille d'Arcole, écrivit au Directoire : « J'ai vaincu; mais Dieu nous préserve d'une seconde victoire pareille, ou l'armée d'Italie aura cessé d'exister. »

Pour que les batailles puissent avoir une influence décisive, il est nécessaire de bien peser le moment où il convient de les livrer. Le temps est, à la guerre, la matière la plus précieuse, aucune autre ne peut la surpasser, parce que toutes, sauf le temps, peuvent ou s'acquérir ou se remplacer. Les armées battues se refont, les armes perdues se remplacent, les provinces conquises se reprennent, le moment seul, où il est possible d'anéantir l'ennemi, une fois passé sans avoir été utilisé, ne se représentera plus jamais. Aussi faut-il, à la guerre, donner à la valeur du temps un exposant bien supérieur à celui qu'il porte dans la vie commune. Le bonheur des armes a ses périodes ascendantes et descendantes, et la minute perdue au moment de l'apogée équivaut à des jours et à des mois entiers de toute autre période. Il est aussi important, et souvent même plus, de savoir bien reconnaître et saisir hardiment le vrai moment, que de savoir opérer toutes les autres combinaisons stratégiques. Ce talent constitue l'âme de l'initiative. L'histoire militaire offre beaucoup d'exemples de temps bien mis à profit ou largement perdu ; mais jamais il n'a été mieux utilisé que par Napoléon en 1805, ni payé plus amèrement que par les Prussiens à la même époque; aussi la vengeance ne se fit-elle pas attendre; car le Dieu irrité des combats ne pardonne jamais les fautes commises.

CHAPITRE QUATORZIÈME.

INFLUENCE DU TERRAIN SUR LES OPÉRATIONS STRATÉGIQUES.

On peut examiner l'influence du terrain sur un système de guerre sous deux rapports, l'un tactique, l'autre stratégique ; le premier se rapportant au mécanisme même des combats et le second donnant lieu aux considérations suivantes :

L'influence du terrain rentre, en général, dans l'un de ces trois cas principaux :

1° Les inégalités du sol sur une grande étendue compliquent les grands mouvements de troupes.

2° Un terrain accidenté et couvert, ne permettant pas de voir l'ennemi, peut servir à masquer des mouvements.

3° Le terrain peut exclure l'emploi en grand d'une

arme entière, comme de la cavalerie employée en masse, ce qui restreint singulièrement certaines opérations.

Le premier cas modifie la vitesse avec laquelle les troupes parcourent un certain espace dans un temps donné. Il est d'une nécessité absolue de bien évaluer ce temps, lorsqu'on prépare stratégiquement une opération, et il faut en outre faire entrer l'état des routes dans ses calculs. Mais il ne suffit pas d'estimer ces données d'après les cartes seules, à l'exclusion de recherches pratiques, parce qu'on pourrait facilement compter sans son hôte et compromettre l'entreprise dès son origine.

Le terrain couvert, indiqué au second cas, favorise l'action des troupes légères, ce qui rentre dans les applications de la tactique ; il offre l'inconvénient de nous laisser souvent ignorer le départ de l'ennemi et de nous empêcher de prendre à temps utile des dispositions convenables pour cette occurrence.

Tel était le cas dans la période de la campagne d'automne de 1760, où Daun resta dans les montagnes de la Silésie, en s'étendant sur Freiburg, Waldenbourg et Landshut, et où chacun des partis n'apprenait que le lendemain les actions de la veille.

Le terrain qui favorise les débordements stratégiques offre cela de remarquable, qu'il exige un système de guerre par corps séparés, ce qui donne lieu aux propriétés suivantes :

a. Il est plus facile de nourrir, de mouvoir et de mettre sous les armes les corps isolés.

b. On sait mieux feindre avec l'ennemi.

c. Mais les corps isolés exigent des chefs plus intelligents, plus actifs et en plus grand nombre, parce que la difficulté de grands commandements est plus forte.

d. Un tel terrain favorise ordinairement l'assaillant, parce que le défenseur se voit, à tout moment, menacé et contrecarré dans ses plans. Telle fut la conduite de Frédéric II en 1760 lorsqu'il combattit avec 30,000 hommes 70,000 Autrichiens. Il prit l'offensive, au moyen de petits corps, tantôt à une aile de l'ennemi tantôt à l'autre, et, quoique peu importants en eux-mêmes, les résultats de cette tactique furent tels, que Daun, toujours menacé et retenu, ne pût rien entreprendre de décisif contre le roi. La guerre de la Vendée, où les royalistes prirent presque toujours l'offensive, rentre dans ce cas.

Les terrains entrecoupés conduisent facilement au système le plus misérable, celui de la guerre de cordons, parce que, ne permettant pas d'observer l'ennemi, ils engagent à se fractionner indéfiniment, pour tout observer et pour tout couvrir en apparence.

Quant au troisième cas, l'on conçoit facilement que l'exclusion d'une arme entière, telle que celle de la cavalerie, par exemple, ne laisse plus aux opérations un cachet de grandeur et de décision. La troisième arme, l'artillerie, a été amenée dans ces derniers temps à un degré de mobilité qui ne craint plus les obstacles de terrain, sauf dans l'emploi de cette arme en grandes masses. Sous ce rapport et surtout depuis que Bonaparte a passé les Alpes avec son artillerie, le stratége n'est plus gêné dans la rédaction de ses plans; il ne doit plus se demander avec anxiété si

cette arme importante est en état de suivre les
autres troupes. On n'éprouvera plus, que bien difficilement, le déboire du duc de Brunswick près de
Bergen en 1759, forcé de commencer la bataille avec
six canons, parce que les autres, arrêtés dans les défilés, ne purent se mettre en batterie que vers la fin
de la bataille.

CHAPITRE QUINZIÈME.

CONSIDÉRATIONS FINALES SUR LES PLANS DE
CAMPAGNE.

---

1. GÉNÉRALITÉS.

Nous avons vu, au chapitre des définitions stratégiques, que le projet des opérations d'une campagne,
prend le nom de plan de campagne; nous savons
aussi qu'un grand État ne se borne pas à une seule
armée, mais qu'il organise plusieurs corps d'armée
sous les ordres de chefs particuliers. Les opérations
de ces généraux ne pouvant s'isoler mais devant au
contraire se coordonner, il est nécessaire de posséder ou de projeter un plan de campagne commun,
qui contienne les dispositions principales des opérations de chacune de ces armées, pour en faire un ensemble méthodique.

Malheureusement ce plan général n'est que trop souvent formulé par des personnes qui ne sont pas appelées à l'exécuter, et cette marche irrationnelle forme un écueil, contre lequel tant de plans de campagne viennent échouer. Il est donc bien désirable, quelque rare que soit le cas, que celui qui fait le plan, doive également le réaliser. Là seulement, où le chef de l'État est aussi Commandant en chef de la force armée, la réunion de la double mission précitée est possible, pourvu qu'il puisse agir par lui-même, sans être gêné par des coalitions ou des traités. C'est alors seulement que l'on peut s'attendre aux actions les plus grandes et les plus éclatantes, ainsi que le prouvèrent si brillamment Frédéric II et Napoléon. Quoique souvent coalisé avec d'autres puissances, Napoléon sut toujours se ménager la prépondérance dans le conseil, dont il devenait le pilote et le dictateur.

Quelque désirable qu'il puisse être de voir le chef de l'État commander l'armée, le cas n'étant pas toujours possible, le mal sera moins grand, si le général en chef, qui ne cesse pas d'être sujet, obtient les pouvoirs nécessaires pour agir en toute liberté. Mais le mal est immense, lorsqu'entre le roi et le général en chef, vient se placer un troisième pouvoir qui, souvent sans aucune connaissance militaire, ne rédige pas moins des plans de campagne, ainsi que le firent fréquemment les représentants du peuple dans les premières guerres de la révolution française. Des circonstances aussi défavorables peuvent rarement fournir un bon résultat et donnent toujours aux opérations un caractère de grande incertitude. Lors même que deux personnes seulement y concourent, le chef de l'État et le général, il est fort désirable que le premier ne quitte pas le voisinage de la scène de la guerre, afin d'animer les opérations et de trancher, par voie d'autorité, les cas particuliers, où le général n'ose prendre de lui-même une décision.

Pour approfondir ce sujet, il faut étudier la vie du prince Eugène de Savoie, qui ne parvint à donner quelque consistance à ses opérations que du moment où il devint également président du conseil aulique de la guerre à Vienne ; il poussa même la prévoyance jusqu'à se faire délivrer, avant son départ pour l'armée, des pleins pouvoirs par l'empereur Léopold Ier lui-même. Eh bien, malgré ces sages précautions, les cabales et les intrigues de ses envieux et de ses ennemis, cortége habituel d'un homme distingué, parvinrent souvent à contrecarrer ses plans les plus réfléchis et à enrayer le cours de ses victoires.

L'État qui a résolu la guerre ne peut réaliser de grands événements, que par le concours empressé de toutes ses forces physiques, morales et intellectuelles ; sa force vitale tout entière doit s'y concentrer. Ce serait folie ou crime d'imprimer à cet essor magnifique de forces une fausse direction, dont les points principaux doivent être consignés dans le plan de campagne.

A cet effet le plan doit être conforme au but général de la guerre, et toutes ses parties doivent être en harmonie avec ce grand but, qui ne doit jamais être perdu de vue, à moins de prodiguer ses forces sans aucune utilité.

Rappelons-nous que toute guerre a pour objet ou :

1º De forcer rapidement l'ennemi, par la destruction de son armée, à conclure la paix, ou,

2º D'épuiser l'ennemi en traînant la guerre en longueur.

De là dérive la notion la plus large de défensive et d'offensive.

Le plan de campagne indique cependant moins le but offensif ou défensif de la guerre, que la manière offensive ou défensive de la faire.

Le plus fort prend ordinairement l'offensive et le plus faible reste sur la défensive, mais cette règle admet de nombreuses exceptions, parce que ce n'est pas la force absolue, mais la force relative, ou mieux encore le *moment* de toutes les forces combattantes, qui en décide.

Dans le cas même du système de guerre offensive, toutes les parties de l'armée ne prennent pas ce caractère, et tandis que l'une de ses fractions agit offensivement, l'autre reste sur la défensive.

L'on sait que l'offensive ou la défensive peuvent être politique, stratégique et tactique. Par exemple, les Autrichiens, dans la guerre de sept ans, prirent politiquement l'offensive tandis que leur stratégie et leur tactique restaient le plus souvent sur la défensive ; Frédéric II, au contraire, fit l'inverse ; il resta sur la défensive, quant à la politique, et prit l'offensive en stratégie et en tactique. Le principe de Napoléon était de saisir ordinairement l'offensive sous le triple point de vue de la politique, de la stratégie et de la tactique.

Le développement et la constitution du théâtre de la guerre déterminent souvent le caractère offensif ou défensif du système à suivre, et c'est en tenant compte des diverses considérations qui précèdent, qu'on parvient à dresser un plan de campagne défensif ou offensif.

On choisit ordinairement le premier lorsque les forces sont insuffisantes, ou mieux, lorsque le rapport du moment de toutes nos forces militantes est inférieur à celui des forces hostiles ; ou encore, lorsque la constitution du théâtre de la guerre favorise ce rôle, par de nombreuses positions défensives, et, lorsqu'il faut temporiser, attendre de meilleures conjonctures, attirer des alliés, etc. ; dans les cas contraires, on recourt au plan de campagne offensif. Il y aura dans les deux hypothèses à tenir compte des circonstances à développer ci-dessous.

a. *Forces disponibles.*

Toutes choses égales d'ailleurs, la valeur des forces se détermine par leur nombre. Dans l'état actuel de la tactique en Europe, on peut admettre que l'éducation militaire des troupes est à peu près la même; mais il est évident que l'esprit qui les anime échappe au calcul.

On ne peut étendre le plan des opérations qu'en raison de la force numérique disponible, parce que ce serait une folie de faire des projets gigantesques pour des forces peu nombreuses.

Nous ne pouvons mesurer nos propres forces qu'en les comparant à celles de l'adversaire. Or il est évident qu'un État grand et puissant, qui fait la guerre à un

État inférieur en force et en étendue, sera en mesure d'établir un plan de campagne plus vaste et plus complet que dans le cas inverse, ce qui nous conduit à une autre considération :

b. *La résistance probable.*

L'évaluation intégrale et exacte des forces opposées fera connaître le degré de résistance probable à laquelle le plan de campagne doit se conformer.

Cette résistance étant variable suivant les différentes périodes de la campagne, il est nécessaire de comprendre dans ses calculs le temps. Frédéric II, par exemple, sachant que la coalition de 1757 lui opposerait une forte résistance s'il restait dans l'expectative, s'empressa de prendre l'initiative, lorsque le degré de résistance que ses adversaires pouvaient lui opposer était encore très-faible.

c. *Constitution physique du théâtre de la guerre.*

La constitution physique du théâtre de la guerre joue un rôle important dans la rédaction d'un plan de campagne qui, parfaitement adapté à l'un, pourrait ne pas convenir au même degré à un autre. Les Russes négligèrent cette maxime dans leur guerre de 1811 contre les Turcs; quoiqu'elle fût bien préparée, on négligea de tenir compte, dans le plan de campagne, des propriétés physiques du théâtre de la guerre. Ils vinrent donc se heurter contre un terrain défavorable à l'offensive et furent, malgré eux et contrairement à leurs projets, amenés à la défensive. De même Napoléon s'est trop peu préoccupé des particularités caractéristiques de la Russie, lors de la rédaction de son plan de campagne de 1812.

d. *Caractère de l'armée ennemie.*

Les armées qui, par essence, ont une manière propre de combattre, ou qui se composent de troupes nationales armées et équipées d'une manière particulière, ou encore, qui ont adopté un système spécial pour les vivres, doivent être combattues d'après un mode totalement différent, que les autres armées ; il faut donc aussi que le plan de campagne en tienne compte de prime abord.

Il paraîtrait convenable d'adapter le plan de campagne au caractère personnel du général en chef ennemi ; mais cette harmonie est très-chanceuse, parce que si ce général quitte la scène, son remplaçant peut fausser le plan tout entier et en rendre l'application fort désavantageuse. Autant il importe de tenir compte de la personnalité de l'antagoniste dans les projets d'opérations isolées, autant il est irrationnel d'en tenir compte pour le plan d'une campagne tout entière.

Nous terminerons par les réflexions de Napoléon sur les plans de campagne : « Un plan de campagne doit avoir prévu tout ce que l'ennemi peut faire, et contenir en lui-même les moyens de le déjouer. Les plans de campagne se modifient à l'infini, selon les circonstances, le génie du chef, la nature des troupes et la topographie du théâtre de la guerre. »

« On voit quelquefois réussir un plan de campagne hasardeux et qui viole tous les principes de l'art de la guerre ; mais ce succès dépend ordinairement des caprices de la fortune ou des fautes que fait l'ennemi, deux choses sur lesquelles on ne peut et on ne doit jamais compter [1]. »

2. PLAN DE CAMPAGNE OFFENSIF.

L'on a vu qu'un État puissant entreprend rarement une guerre avec une seule armée, mais ordinairement avec plusieurs, qui, faute de ressources suffisantes même dans un grand État, ne prennent pas toutes l'offensive. D'après les règles, l'une des armées est simplement chargée de tenir contre l'ennemi, tandis que l'armée principale reçoit la consistance nécessaire pour attendre en toute sûreté le résultat de ses opérations offensives; son action s'exerce toujours sur la partie du théâtre de la guerre, qui a la plus grande importance stratégique.

L'importance stratégique est basée sur :

1° L'ensemble de la position géographique de l'État;

2° La constitution topographique spéciale au théâtre de la guerre sous les rapports hydrographique et orographique;

3° La position des centres principaux de puissance de l'État, ordinairement la capitale et l'importance que l'opinion publique attache à leur conservation ou à leur perte; Paris opposé à Madrid;

4° La répartition des forces militaires dans l'État ennemi, la grande dislocation.

Dans beaucoup de cas, mais non dans tous, la

____

(1) Commentaire de la IIe maxime de guerre de Napoléon.

marche sur la capitale ennemie est décisive; le théâtre même de la guerre y fait beaucoup parce que des contrées accidentées, des montagnes, des places fortes bien situées, des camps retranchés, etc., sont autant d'obstacles à vaincre dans les opérations offensives, et conviennent par conséquent mieux à l'armée chargée de la défensive. L'état moral de la nation peut aussi décider du choix, parce que des nations vigoureuses ne se croient pas encore perdues lorsque la capitale est aux mains de l'ennemi.

Si l'adversaire a concentré ses forces en un point, il est naturel qu'il devienne l'objectif de nos opérations offensives dont l'âme est de battre et d'anéantir l'armée ennemie.

La campagne d'Autriche de 1805 peut servir d'exemple. L'armée autrichienne la plus forte, sous le commandement de l'archiduc Charles qui occupait l'Italie, avait pour mission de prendre l'offensive, tandis qu'une armée moins forte restait en Allemagne. Mais la grande armée française s'étant rassemblée sur le Rhin, le prince Charles dut, malgré les succès qu'il obtint sur l'Adige, abandonner l'Italie, dès qu'il eut connaissance de la catastrophe d'Ulm.

La comparaison exacte des quatre points que nous venons de traiter fera connaître le lieu qui possède la plus haute importance stratégique.

On peut actuellement régler les conditions premières d'un plan de campagne offensif.

Après avoir déterminé le point de rassemblement de l'armée offensive, on procède à la répartition de ses forces et à leur dotation; elle doit être constituée de manière à pouvoir rechercher la bataille et à n'avoir aucun motif de l'éviter, c'est ce qui forme l'*initiative* ou l'âme des opérations offensives.

Le corps d'armée défensif doit occuper une position qui lui permette d'arrêter l'ennemi, pendant le temps nécessaire à l'armée offensive pour décider du sort de la guerre. À cet effet, elle doit comprendre les différentes armes dans les proportions convenables à leur destination, être forte en cavalerie et se trouver dans les conditions tactiques les plus favorables.

Il faut au besoin savoir forcer l'ennemi à accepter la bataille, comme Napoléon contraignit en 1806 les Prussiens à recevoir les batailles de Jéna et d'Auerstædt.

Lorsque les deux partis ayant chacun un but offensif, recherchent tous deux le combat, il survient une rencontre stratégique. La victoire est alors à celui qui possède la plus grande supériorité tactique, ou à celui qui a su s'emparer des avantages tactiques placés à sa portée, ce qui a été exposé plus haut.

Il est fort important d'évaluer dans le projet d'un plan de campagne offensive le temps que l'ennemi doit mettre à l'organisation de sa résistance, qui est d'autant plus faible que l'ennemi est mieux pris à l'improviste. Cette maxime, vraie pour la tactique, l'est beaucoup plus encore pour la stratégie, parce qu'il y est plus difficile de réparer un oubli et de récupérer le temps perdu. Quelque regrettables que soient les fautes de tactique, elles sont beaucoup plus faciles à réparer et n'entraînent pas des conséquences aussi fâcheuses que les fautes stratégiques. La surprise stratégique est donc beaucoup plus dangereuse que la surprise tactique.

Il est toujours avantageux pour l'offensive de précipiter l'ouverture de la campagne, avant que l'ennemi n'ait encore eu le temps d'organiser sa résistance.

Il est également avantageux de pousser vigoureusement les premiers succès, fussent-ils dus au hasard, pour ne pas laisser à l'ennemi le temps de se reconnaître. Le général Benningsen enfreignit cette maxime en 1807, car, bien que supérieur à l'armée française avant la bataille de Heilsberg, il laissa échapper le vrai moment, pour attendre encore des renforts de Russie, répit que les Français surent mettre à profit pour se renforcer eux-mêmes et gagner la bataille de Heilsberg, malgré l'accroissement des forces de leur adversaire.

Nous renvoyons à ce qui a été dit sur la précipitation qu'il convient de mettre à ouvrir la campagne.

A ces conditions, auxquelles un bon plan de campagne doit satisfaire, il faut ajouter celles qui permettent de parer aux coups du sort, et d'étouffer dans leur germe toutes les chances de défaite. Quelque difficile qu'il soit d'y réussir, en toutes circonstances, il faut surtout s'attacher à atteindre le but même du plan de campagne, fût-ce au prix d'un détour, plutôt que de le manquer totalement. Ces moyens auxiliaires peuvent être :

1° Des positions retranchées sur le derrière de l'armée pour la recevoir au besoin et pour servir de point de ralliement en cas de défaite.

2° Des places fortes importantes et tenables situées dans le voisinage et renfermant les vivres et le matériel de rechange.

3° Des têtes de pont établies à l'avance, tant sur son propre terrain que sur les fleuves de l'ennemi, à mesure que les opérations offensives le permettent.

4° Fortifier les pas et les défilés qu'on a passés dans sa marche offensive, afin d'arrêter les attaques de l'ennemi s'il nous force à la retraite.

On ne doit pas négliger ces mesures dans le cas même de succès et moins encore lorsqu'il est douteux, car la négligence n'est le plus souvent que la suite de l'aveuglement et de l'illusion qui nous fait croire nos forces supérieures à celles de l'ennemi. Telle fut la conduite des Prussiens en 1806 et des Russes en 1807 dans la Prusse orientale, où, de Jéna à Eylau, ni de la Saale au Wemel, rien n'avait été préparé pour rétablir l'équilibre, et quoique les localités présentassent des facilités topographiques, on n'avait pris aucune disposition pour arrêter l'ennemi par des obstacles sérieux.

Napoléon au contraire ne négligeait jamais ces précautions, pas même pendant la campagne de Russie, qui vit travailler aux ouvrages de Mayence, ni en 1815 où l'on retranchait déjà Montmartre près de Paris; et dans le cours même d'une heureuse offensive en 1807, il prenait des mesures de précaution en faisant retrancher des postes sur la Vistule.

En cas de revers l'on parvient à protéger l'armée battue, sans perte de temps, par l'un des moyens suivants :

1° Rappeler l'armée secondaire qui agissait jusqu'alors collatéralement sur la défensive.

2° Établir dès le début des réserves qui avancent à mesure que l'armée progresse.

La formation de ces armées de réserve est une création du nouvel art de la guerre. Trop dispendieuses jadis lorsque chaque soldat se recrutait à prix d'argent, ces mesures stratégiques sont devenues faciles depuis que chaque citoyen doit à son pays le tribut des devoirs militaires. Toutefois l'on n'est pas encore d'accord sur le concours tactique de ces forces et il n'est pas encore dit si les troupes les moins exercées doivent occuper la première ou la seconde ligne, ou si elles doivent se mêler aux vieilles troupes. Les idées sont également peu nettes encore sur les armées de réserve offensives ou défensives, dont le rôle consisterait à suivre par étapes, pour relever les troupes de la première ligne, ainsi que sur les armées qui doivent former le dernier boulevard du pays, lorsque les troupes de la première ligne ont été culbutées et entièrement défaites par l'ennemi.

Les considérations précédentes, base de tout plan de campagne offensif, se laissent réunir dans cette seule maxime : l'armée qui prend le rôle offensif doit rechercher les batailles décisives et éviter tout ce qui pourrait retarder le moment du combat; plusieurs chemins conduisent à ce but, mais la théorie est impuissante à les tracer à l'avance.

Il s'écoule toujours, entre la rédaction et l'exécution d'un plan de campagne, un certain temps qui doit être utilisé le mieux possible pour hâter l'instant de le réaliser.

Il suit de ces considérations, que le plan de campagne pour l'armée offensive ne peut indiquer le but que d'une manière générale, qu'il ne s'applique ordinairement qu'au premier déploiement stratégique et tout au plus à la première bataille. Celle-ci étant livrée, l'on procède à la seconde partie du plan de campagne que l'on rédige alors d'après des considérations analogues à celles qui ont servi de base à la première.

« Quoique basé sur les vrais principes de la guerre, un plan de campagne arrêté d'avance risque souvent d'échouer, si l'on a affaire à un adversaire qui d'abord se tenant sur la défensive, finit par prendre l'initiative, en improvisant d'habiles manœuvres. Tel fut le plan tracé par le conseil aulique, pour la campagne de 1796, commandée par le maréchal Wurmser. La grande supériorité numérique de son armée lui faisait espérer la destruction entière de l'armée française, à laquelle il voulait couper toute retraite ; le maréchal basait ses opérations sur la situation défensive de son adversaire, qui, placé sur la ligne de l'Adige, avait à couvrir le siége de Mantoue, la moyenne et la basse Italie. Wurmser, supposant donc l'armée française fixée autour de Mantoue, forma son armée en trois corps, qui se mirent en marche isolément, pour se réunir sur cette place. Bonaparte, ayant deviné les projets du général autrichien, sentit tout l'avantage que lui donnerait l'initiative sur une armée divisée en trois corps, qui n'avaient entre eux aucune communication ; il se hâta donc de lever le siége de Mantoue, rassembla toutes ses forces et, par ce moyen, se trouva partout supérieur à l'armée impériale, dont il attaqua et battit les divisions séparément. Ainsi le maréchal Wurmser, qui d'abord n'avait songé qu'à profiter d'une victoire qu'il regardait comme certaine, se vit forcé, après dix jours de campagne, de retirer les débris de son armée dans le Tyrol, après avoir perdu les deux tiers de son armée, soixante et dix canons et neuf drapeaux [1]. »

Rien n'est donc plus dangereux que de fixer d'avance à un général en chef la conduite qu'il doit tenir pendant toute une campagne, en lui traçant sa marche pas à pas, et surtout quand on est éloigné du théâtre de la guerre d'une distance de plusieurs degrés géographiques.

5. PLAN DE CAMPAGNE DÉFENSIF.

Il se présente deux cas :

1° L'un, lorsqu'une partie de l'armée, agissant comme corps d'armée secondaire, doit rester sur la défensive, et

2° L'autre, quand l'armée entière est réduite à la défensive.

Premier cas.

Toutes les fois que nos forces sont insuffisantes pour prendre l'offensive sur tous les points, il sera nécessaire d'y rester en partie sur la défensive au moyen d'une armée secondaire, qui cède alors toutes les forces dont elle peut disposer, à l'armée offensive,

(1) Commentaire de la IIe maxime de guerre de Napoléon.

dont le rôle consiste à frapper les grands coups, pendant que l'autre a la mission de chercher à éloigner l'ennemi de l'échiquier ou à l'y retenir (le paralyser ou le neutraliser).

La position de ce corps d'armée secondaire étant difficile, parce qu'il a toujours affaire à une armée supérieure en forces, il devra tirer parti de tous les avantages du théâtre de la guerre, pour rétablir autant que possible un peu d'équilibre. Cette mission, pour être remplie avec quelque bonheur, exige une intelligence parfaite du commandement, parce qu'ici, but et moyens diffèrent totalement de ceux de l'armée offensive.

Le plan de campagne à rédiger pour ce corps d'armée doit toujours être basé sur cette considération : que la force numérique en est très-faible et que dès lors il ne peut recourir à l'offensive, que lorsque l'avantage est décidément de son côté.

A cet égard il est on ne peut plus instructif de suivre la conduite de l'armée de Silésie sous Blücher en 1813, immédiatement après la reprise des hostilités au mois d'août. En cette circonstance, ce chef héroïque a déployé une énergie égale à la haute capacité de son chef d'état-major distingué et la conséquence de cette campagne si difficile fut la victoire de la Katzbach, très-fertile en résultats.

L'armée secondaire, ne devant pas décider la campagne, ne doit pas chercher à le faire, mais à remplir sa mission sans combattre, ou tout au plus, à l'aide de petits combats. On ne saurait donc déterminer à l'avance ni l'utilité, ni l'époque, ni le lieu de livrer formellement bataille, mais on peut lui enjoin-

1° Se concentrer pour occuper de fortes positions que l'ennemi ne pourrait emporter qu'avec des forces excessivement inégales, dans le rapport, par exemple, de 3 à 1;

2° Temporiser en cherchant à gagner du temps par des marches sages ou des manœuvres qui occupent l'ennemi;

3° Ne pas perdre son antagoniste de vue, afin de tomber dessus dès qu'il se découvre, ou dès que les circonstances deviennent momentanément favorables. (Katzbach.)

Le premier cas réalise la guerre de positions, et le second la guerre de postes, qui exige une grande promptitude, afin de concentrer rapidement les divers détachements, lorsqu'on veut tomber sur les fractions isolées de l'ennemi. La guerre de postes offre l'avantage, toujours désirable, d'admettre beaucoup d'éléments offensifs.

On doit éviter des actions générales ou n'en engager que dans les circonstances mentionnées plus haut, parce qu'elles peuvent compromettre l'armée principale, outre l'armée secondaire, comme il arriva à Fouqué en 1759 et en 1760.

Il est évident que le commandement de l'armée secondaire doit être confié à un général très-habile et d'une activité infatigable, afin de ne pas rester un moment sans nouvelles des actes ou des intentions de l'ennemi.

La guerre de positions est aujourd'hui plus facile que jadis, parce que la tactique moderne s'accommode de toutes les positions; dans un autre sens, elle est plus difficile, parce que ces mêmes positions sont mieux abordables en suivant les maximes nouvelles de cette même tactique ; cette alternative rend le rôle du défenseur très-ingrat. Il doit recourir à l'établissement de positions retranchées, qu'il trouvera plus facilement dans le voisinage des places fortes. Cette espèce de guerre se fait donc mieux dans son propre pays, puisqu'elle exige un théâtre de la guerre approprié, qui sera d'autant plus favorable, qu'il réunira une grande profondeur à une petite largeur ; mais la condition essentielle, c'est de le préparer le mieux possible, comme il a été dit plus haut.

Deuxième cas.

Lorsque l'armée entière doit garder la défensive, le plan de campagne doit se borner aux généralités, parce que les détails dépendent de la conduite de l'ennemi. Trop détaillé, il serait peu utile ou même nuisible ; car la situation des choses, le temps et le lieu changent les circonstances où les prévisions devaient se produire.

Le général en chef doit avoir les mains libres et des pleins pouvoirs assurés, parce que si, dans l'offensive, on peut à l'occasion dire : « Halte jusqu'ici et pas au delà, » il n'en est pas de même dans la défensive, où il s'agit surtout de tirer parti du moment même, sans devoir recourir au préalable à l'intérieur, pour obtenir les pouvoirs nécessaires, sous peine de laisser passer l'instant favorable.

Quoique, sur la défensive, on ne puisse éviter d'une manière absolue les grandes batailles, il ne faut pas les rechercher avidement, parce qu'elles mettent souvent beaucoup et quelquefois tout en jeu ; on peut moins se soustraire aux combats isolés ; toutefois faut-il ne les livrer que lorsque toutes les chances sont en notre faveur. Mais il faut surtout éviter toutes les actions qui consomment inutilement le matériel de l'armée, telles que des canonnades prolongées, la spécialité de cette guerre comprenant avant tout des combats solides d'infanterie.

Dans la guerre défensive, les combats ont pour objet ou :

1° De tomber sur l'ennemi parce qu'on est sûr de le battre, ou

2° De se mettre en estime près de lui par un combat vigoureux, parce qu'une retraite continue n'apporte aucun salut.

Le premier de ces deux cas donne lieu à un procédé nommé l'offensive tactique combinée avec la défensive stratégique.

Le but d'une guerre défensive est toujours de la traîner en longueur, parce que ce n'est que par l'épuisement qu'on forcera son adversaire à renoncer à ses desseins. Il est donc nécessaire d'avoir soin, en temps utile, d'amasser des approvisionnements, parce que les meilleures entreprises échouent lorsque les matériaux de guerre viennent à manquer: c'est le cas d'organiser un bon système de subsistances au moyen de magasins qui, pour être à l'abri de l'ennemi, doivent se trouver dans les places fortes. Enfin l'armement général de la nation peut être regardé comme un des moyens les plus efficaces de la guerre défensive et l'élément national doit être éveillé, stimulé et poussé jusqu'à la pleine manifestation de toute sa force.

Lorsque tous se lèvent et prennent les armes avec la ferme et inébranlable résolution de défendre leur liberté et leur indépendance où de mourir avec gloire les armes à la main, un tel armement de la nation ne manque guère le but. Mais il ne faut pas oublier qu'il met l'existence même de l'État en jeu, et que si la Prusse, par exemple, n'avait pas réussi en 1813 à reconquérir son indépendance nationale, ce beau pays, devenu la proie du vainqueur, eût été effacé du rang des États par Napoléon, s'il eût été victorieux dans cette lutte éternellement mémorable.

Observons aussi qu'il faut un certain degré de force pour réaliser un armement national, et que de petits pays, ne pouvant entamer de guerre de cette nature, doivent se joindre à un grand État, comme Weimar à la France en 1808. Mais la nation assez puissante pour oser l'entreprendre, et qui hésiterait à le faire pour sauver son indépendance, ne mérite que les fers de l'esclavage; à sa déchéance du rang des peuples libres, elle ne peut laisser ni regrets ni larmes, et elle tombe alors sous la plume vengeresse de l'histoire, qui s'écrie avec notre plus grand poëte de l'Allemagne :

« Misérable est la nation qui ne met pas tout son avoir dans son honneur. »

Et il ajoute plein d'enthousiasme :

« La nation doit se sacrifier pour son roi, telles sont la loi et la volonté du destin. »

RÉSULTAT.

La maxime fondamentale de l'art de la guerre dit : « Saisis ton ennemi là où tu lui feras le plus de mal, et si tu ne le peux, sois le plus sage, cède, mais seulement pour quelques moments. »

Ainsi : Saisir — céder,

     Combattre — manœuvrer,

     Ne manœuvrer que pour combattre,

     Ne jamais combattre pour manœuvrer.

De même que des milliers de balles tirées contre une longue ligne de bataille n'intimident pas un ennemi valeureux, alors que cent balles réunies en un seul point foudroient le plus brave, de même cent mille soldats tués sur une étendue de dix degrés géographiques ne décident pas la guerre, mais bien souvent vingt mille seulement, quand ils tombent en quelques heures ardentes sur le petit espace d'un demi-mille carré.

CHAPITRE SEIZIÈME.

(Par le traducteur.)

RESEAU STRATÉGIQUE DE LA BELGIQUE, ET CONSIDÉRATIONS SUPPLÉMENTAIRES.

> La Belgique expie son aveugle présomption
> de 1831 par la cession de 192 lieues carrées de
> territoire, l'abandon de 360,000 habitants, et
> une perte annuelle de plus de 9 millions; une
> seconde défaite lui coûterait sa nationalité.

Nous ferons précéder l'application à la Belgique
des principes de stratégie développés dans cet opuscule par un aperçu de la constitution topographique
du royaume, afin d'en déterminer avec quelque certitude le réseau stratégique.

Formant un triangle à peu près isocèle, dont le
sommet est dirigé au nord-est et dont la base s'appuie à la France, la Belgique n'est que la continuation
du bassin de la mer du Nord, qui lui sert de limite à
l'ouest. Sauf sur cette petite étendue de frontière
naturelle, la Belgique est également accessible sur

tout son périmètre, limité par la Hollande, le Limbourg, la Prusse, le grand-duché de Luxembourg et la France, ou mieux, sous le rapport politique, par la Hollande, la Confédération germanique et la France.

Les deux Flandres, la province d'Anvers, une partie du Brabant et du Limbourg continuent les plaines de la Hollande, tandis que les provinces de Hainaut, de Namur, de Liége et de Luxembourg forment des plateaux ondulés, marqués d'aspérités appartenant au groupe du système alpique qui domine en France. Les fentes qui les sillonnent servent de lit aux rivières.

Deux grandes artères fluviales partagent la Belgique en trois zones à peu près perpendiculaires à la base; ce sont l'Escaut et la Meuse, qui prennent naissance en France. Le premier traverse Tournay, arrose une partie du Hainaut, touche à l'orient la Flandre occidentale et sépare en deux parties la Flandre orientale. Il sert ensuite à cette même Flandre, de ligne de démarcation avec la province contiguë d'Anvers, pour aller se diviser au fort de Bath en deux branches, qui, en tombant dans la mer, forment les îles de la Zélande.

L'Escaut compte huit tributaires, dont cinq, la Lys, la Dendre, la Senne, la Dyle et la Geete, coulent perpendiculairement à la frontière méridionale, et les trois autres, le Demer, la grande et la petite Nèthe, sont presque perpendiculaires à la frontière de l'est.

La Lys vient de France et se réunit à l'Escaut à Gand ; la Dendre passe par Ath, pour rejoindre ce fleuve à Termonde. La Senne qui baigne Bruxelles, la Dyle Louvain, et la Geete, réunie au Demer, Diest, vont avec la Nèthe grossir l'Escaut, après avoir formé au-dessous de Malines un cours unique, le Rupel.

La Meuse accrue de la Lesse entre en Belgique par Dinant, reçoit les eaux de la Sambre à Namur, sépare en deux parties cette province et celle de Liége où elle se grossit de l'Ourthe avec l'Amblève et de la Vesdre ; elle sert de limite orientale au Limbourg et, se réunissant au Wahal ou au Rhin, usurpe le rang de ce grand fleuve pour se jeter dans la mer du Nord.

Le pays arrosé par la Meuse, entrecoupé de profondes vallées, est éminemment propre à la défensive; tandis que la zone baignée par le haut Escaut enclave de riches plaines, légèrement inclinées vers le nord, qui, favorisant les grands déploiements de troupes et surtout l'action de la cavalerie, conviennent aux opérations offensives. A partir de Gand, le terrain mouillé par l'Escaut est une véritable emprise sur la mer, contre laquelle il est protégé par des travaux d'art compliqués, tels que digues, canaux, écluses, qui, avec les haies, les enclos, les plantations, l'entrecoupent en tout sens et en facilitent la défense, non-seulement par la force des armes, mais encore par les inondations et les miasmes de fièvres pernicieuses provenant des polders.

Les provinces d'Anvers et de Limbourg comprennent des plaines sablonneuses, nommées bruyères de la Campine, avec des marais, qui continuent ceux du Brabant hollandais.

Outre les voies fluviales et navigables, la Belgique est sillonnée par un réseau de routes empierrées et ferrées qui depuis 1830 en ont totalement changé les conditions stratégiques. Les routes avaient atteint, au 1er janvier 1846, une longueur de 1,103 lieues (à 5 kilomètres), dont 681 seulement existaient au 1er janvier 1831 (1).

Les chemins de fer, dont le centre est à Malines, réunissent Ostende, Anvers et Cologne à Paris, par Bruxelles. A ces deux grandes lignes, dont le développement est de 558 kilomètres, viendront aboutir avant peu une infinité de branches secondaires qui n'auront pas moins de 500 kilomètres d'étendue. Au moyen de ces voies ferrées, l'ancienne ligne d'opération entre l'Allemagne et Paris par Coblence, ou Mayence et Luxembourg, est raccourcie, pour certains transports, par le chemin de fer qui relie cette capitale à Cologne. Cette voie sera à son tour abandonnée lorsque lé chemin de fer longeant la Meuse, de Liége à Namur, actuellement en cours d'exécution, sera terminé. Jomini qualifie cette ligne de clef de la Belgique, et dit : « Quant au théâtre de la guerre des « Français en Belgique, il est tout simple que celui « des deux partis qui sera maître du cours de la « Meuse aura des avantages incalculables pour s'emparer du pays; car son adversaire, débordé et enfermé entre la Meuse et la mer du Nord, ne pourrait recevoir bataille parallèlement à cette mer, sans « courir risque d'une perte totale. Ceci ne s'applique « qu'à des armées continentales et non aux Anglais « qui, basés sur Anvers ou Ostende, n'auraient rien à « redouter de l'occupation de la ligne de la Meuse. »

(1) Voici la part des différents régimes :

Avant	1795 il a été construit	485	lieues.
De 1795 à 1815	—	58	—
De 1815 à 1831	—	160	—
De 1831 à 1846	—	422	—

Ces chiffres sont éloquents.

Privée de frontières naturelles, sauf les quelques lieues de côtes de la mer du Nord, qui la séparent de l'Angleterre, la Belgique a dû réclamer de l'art les moyens de se protéger contre une invasion, que l'histoire, jusqu'en 1830, nous a appris à redouter surtout de la France (1). Cette protection, pourrait-on la trouver dans une place centrale à créer, ou dans un cordon de forteresses qui défendraient les points stratégiques ci-dessus indiqués ?

Voici sur ce sujet l'opinion du généralissime duc de Wellington, consignée dans un mémoire du 22 septembre 1814, établi, il est vrai, au point de vue colossal d'une coalition européenne contre la France (2).

« Ce mémoire a pour objet de tracer les principes d'après lesquels doit se diriger la défense de la frontière qui à partir de Liége suit le cours de la Meuse et de la Sambre jusqu'à Namur et Charleroy, et de là par Mons et par Tournay jusqu'à la mer.

« Cette frontière est entrecoupée de routes, de canaux, de rivières venant du territoire français suivant toutes les directions, et plusieurs des nombreuses forteresses de la France lui sont opposées.

« Cette zone du pays est généralement ouverte, et n'offre aucune base naturelle sûr laquelle on puisse appuyer un système de défense de quelque valeur.

« Malgré tous ces désavantages, ce pays doit cependant être défendu le mieux possible. Il a été annexé à la Hollande, lors de la répartition des différentes

(1) Depuis que ces lignes ont été écrites, en 1847, le guet-apens de Risquous-tout est venu confirmer ces prévisions.

(2) Traduit des *Dispatches of the duke of Wellington*, vol. XII, fol. 125.

parties du territoire français conquises par suite des opérations de la dernière campagne, non-seulement dans le dessein d'augmenter les ressources pécuniaires de ce nouveau royaume et de lui donner les moyens de lever une armée, mais pour ajouter quelque sécurité à cette frontière. On a remis aux mains du gouvernement des provinces néerlandaises les zones qui semblaient les plus essentielles à leur défense, afin de former ainsi avec le tout, au nord de la France, un État dont les ressources, la force et la situation militaires pussent être sur ce point un boulevard pour l'Europe.

« Pourvoir le mieux possible à la défense la plus convenable de ces provinces est non-seulement une condition implicite de l'acceptation qu'a faite le gouvernement de ce don des puissances alliées, mais c'est encore le devoir des habitants. On ne pourrait s'attendre à voir le gouvernement de ce nouveau souverain acquérir quelque consistance et les habitants développer leurs forces industrielles autant qu'ils le pourraient, s'ils se voyaient exposés à l'abandon à la première apparence d'hostilité de leur puissant voisin.

« Quelle que soit donc la difficulté d'établir un système de défense pour ces provinces, il est évident qu'elles doivent être défendues. Le but est donc de découvrir le projet de défense le plus convenable, celui qui s'adaptera le mieux à la connexion politique de ces provinces avec la Hollande et les autres pays, qui répondra le mieux à la constitution militaire du gouvernement des Pays-Bas et sera le moins onéreux pour ses finances.

« La Belgique ayant été réunie à la Hollande, il est

nécessaire de tenir compte de cette réunion dans la discussion du système de défense des frontières de la première, ainsi que de la probabilité de la coopération des armées actives de la Grande-Bretagne et du Hanovre.

« Quel que soit le plan de défense auquel on s'arrête, un objet essentiel à atteindre, c'est d'assurer la communication avec l'Angleterre et avec le nord de l'Allemagne, et surtout avec Breda et Berg-op-Zoom, ainsi qu'avec les places hollandaises de la Meuse inférieure et du bas Rhin.

« Les guerres de la révolution ont en partie contribué à mettre les forteresses hors de vogue, et l'on a vu s'accréditer l'opinion, confirmée du reste en grande partie par les opérations de la dernière campagne, que les places fortes n'ont que peu d'utilité et qu'elles ne valent pas les dépenses qu'elles entraînent. Il y aurait beaucoup à objecter contre ces nouvelles doctrines émises sans restriction quant à la nature du théâtre de la guerre. Il suffit, quant à la Belgique, de rappeler à ceux qui devront méditer et décider sur ce sujet que, dans les guerres de la révolution, les Pays-Bas autrichiens en entier et tout le pays de Liége, de la frontière française à la Meuse inférieure, tombèrent au pouvoir de l'ennemi à la suite d'une seule bataille malheureuse, de peu d'importance en elle-même, livrée près de Mons ; que les alliés les reconquirent avec une égale rapidité dans la campagne suivante, dès qu'ils eurent de leur côté la supériorité numérique. Mais les alliés ayant alors, durant leur occupation, construit sur différents points quelques ouvrages de campagne très-imparfaits, l'ennemi ne trouva plus l'invasion aussi facile qu'auparavant, et lorsqu'en 1794 il eut repris la supériorité du nombre, il lui fallut beaucoup plus de temps pour prendre possession du pays, quoique sa supériorité fût beaucoup plus imposante qu'en novembre 1792.

« L'on ne doit pas espérer que, dans le cas d'un commencement d'hostilités, les Français ne soient au premier abord supérieurs en nombre aux alliés en Belgique, et, à moins que l'on ne fortifie jusqu'à un certain point la frontière, l'on doit s'attendre aux mêmes revers qu'en 1792.

« Le discrédit général attaché aux fortifications, les dépenses qu'elles nécessitent et la difficulté de remédier aux défauts du site de quelques-unes des anciennes forteresses de la Belgique, m'ont engagé à rechercher avec beaucoup de soin une position qui, étant bien fortifiée, pût couvrir la contrée et que l'ennemi n'osât se hasarder de dépasser, mais je n'ai pu trouver aucune position qui répondît au but. D'abord il n'y a, dans tout le pays, aucun emplacement qui jouisse d'avantages particuliers pour y ériger une forteresse, ou qui couvre et protége une certaine étendue de la contrée; il n'y a, en outre, aucun point qui ne soit très-accessible par l'ennemi tant par terre que par eau, et où il ne lui soit facile d'amener ses équipages et approvisionnements de siége ; enfin, il n'y a pas une seule position qui, étant fortifiée, ne pût néanmoins être dépassée sans danger par l'ennemi, parce qu'en cas de revers et d'une retraite forcée il trouverait un grand nombre de routes qui le conduiraient sous l'une ou l'autre des places fortes de la frontière de France.

« La construction d'une pareille place pourrait

donc donner lieu aux conséquences les plus sé-
rieuses pour les alliés, et ne causerait dans toute
occurrence qu'un faible préjudice à la France.

« Il est donc évident que la contrée doit être fortifiée suivant les anciens principes, et quand je considère
par qui elle l'a été primitivement, quand je réfléchis
aux avantages locaux du site de quelques-unes des
anciennes forteresses, dont la plupart fournissent les
moyens d'étendre sur le pays des inondations éminemment propres à le défendre, ainsi qu'à la réduc-
tion des dépenses, qu'on obtiendra presque partout en
se conformant aux anciens tracés des plans, je suis
porté à recommander la convenance qu'il y a de choisir tous les anciens emplacements, et de profiter, à
peu près sur tous les points, des sites primitifs, en
introduisant dans les nouvelles constructions les per-
fectionnements modernes relatifs aux flanquements.

« On observera que l'adoption du système recom-
mandé ci-dessus accorde tous les principaux objets
qu'il convient d'atteindre. La droite de la ligne de
l'Escaut à la mer sera rendue assez forte pour
qu'avec le secours des inondations elle soit totalement hors d'insulte, alors même qu'elle serait abandonnée aux seules garnisons des places. Il faut aussi
remarquer que, eu égard au grand rôle des inondations, les frais de construction des ouvrages seront
considérablement diminués. L'armée en campagne
ayant sa communication assurée avec la Hollande,
par les fortifications de la droite de sa ligne d'opération et par Anvers, pourra être employée exclusivement à la défense de la gauche.

« Je n'examine pas si dans un mémoire de cette

nature il est désirable, alors même que la reconnais-sance précipitée que j'ai faite des Pays-Bas le permet-trait, de désigner les positions à occuper par l'armée active comme étant les plus favorables à sa défense. Celles que j'indiquerais seraient bonnes ou mauvaises, suivant la force avec laquelle elles seraient occupées comparée à celle de l'ennemi et en rapport avec son plan de campagne, si celui-ci avait l'offensive. Le même raisonnement s'applique aux retranchements à faire dans les positions que les armées pourraient éventuellement occuper. La construction de tels ou-vrages ne peut rester secrète, et il n'y a pas de posi-tion à occuper par une armée, dans une contrée comme celle dont il est question, qui ne puisse être tournée. et qui ne le soit à coup sûr, si les retranche-ments étaient établis à l'avance.

« Il y a cependant de bonnes positions pour une armée à la Trinité et à Renaix derrière Tournay, une autre entre Tournay et Mons sur les monticules près de Blaton ; il y a plusieurs bonnes positions près de Mons ; le cours de la Haine, de Binche à Mons, en offrirait également quelques-unes assez avantageuses ; l'entrée de la forêt de Soignes, sur la grande route qui conduit de Binche, de Charleroy et de Namur à Bruxelles, en offrirait également si elle était retran-chée (Waterloo). »

« *Signé :* WELLINGTON. »

L'on peut déduire de ce mémoire :

1° Que la frontière méridionale de la Belgique n'offrait aucune base naturelle en 1814 ;

2° Qu'une seule forteresse eût été insuffisante pour former une base artificielle ;

3° Qu'un cordon de places fortes ne protégera plus le pays contre une invasion, quand la supériorité numérique de l'ennemi sera accablante, mais qu'il empêchera la domination étrangère de s'y établir à la suite d'une seule bataille malheureuse de peu d'importance, etc.

Ce dernier cas n'était pas celui où se trouvait le généralissime de la Sainte-Alliance et qui a donné lieu à l'érection de nos forteresses du midi. Examinée en elle-même, cette ceinture paraît habilement nouée, en ce que les places de dépôt de la France sont tenues chacune en échec par deux ou trois subjectifs fortifiés. En effet, à Dunkerque répondent Nieuport, Ostende et Ypres. Cette dernière place, avec Menin et Audenarde, fait face à Lille. Tournay, Ath et Mons forment le triangle stratégique opposé à Valenciennes. Charleroy, Philippeville et Mariembourg défendent la zone entre Maubeuge et Givet. Enfin Dinant, Namur, Huy et Liége gardent les anciens points de passage de la Meuse. Sauf ces quatre dernières places, les autres occupent un site en pays ouvert et accessible en tous points. Elles exigent pour leur défense une armée entière avec un matériel considérable, sans pouvoir cependant empêcher un ennemi très-supérieur en nombre de percer cette enceinte.

Depuis 1830 les conditions stratégiques de cette zone sont totalement changées et toutes ces places ont été neutralisées par un réseau de routes latérales, savoir : Ypres, Menin et Tournay, par la route de Lille sur Roulers passant par Warneton et Wervicq, sur Courtray par Luigne et par Pecq ; Tournay, Ath et Mons par les chaussées de Valenciennes sur Renaix passant par Ramecroix et par Leuze ; de Valenciennes ou de Bavay sur Chièvres par Saint-Ghislain, et celle de Maubeuge sur Chièvres par Pâturages. Quant à Charleroy, le réseau des communications latérales est tel qu'il n'y a que l'embarras du choix. Enfin la Meuse peut être passée sur trois nouveaux points, les ponts du Val-Benoît et de Seraing, et celui qui est en construction pour le chemin de fer de Namur à Liége.

La valeur de cette barrière est donc considérablement amoindrie, parce que l'armée ennemie dont l'objectif serait Bruxelles, ou l'armée chargée de la défendre, pourrait, en détachant des corps d'observation, se glisser sans danger entre plusieurs places. (Jomini.)

Cette première ligne rompue, c'est aux baïonnettes de l'armée en campagne à décider du sort des forces envahissantes, dont la puissance sera très à l'aise au milieu de nos riches plaines, propres à toute espèce d'attaque offensive. Le vainqueur ne trouvera plus d'obstacle que dans la zone renfermée entre Ostende, Bruges, Gand, Termonde et Anvers par le canal de Bruges et par l'Escaut. Ce terrain est tellement entrecoupé qu'il est impropre à de grandes entreprises militaires et peut être facilement défendu contre des forces supérieures en nombre.

La frontière de l'est est totalement ouverte depuis que Maestricht, aux mains de la confédération germanique, prend à revers notre ligne de la Meuse. Le seul réduit défensif est donc encore, dans cette hypothèse, l'enclave de l'Escaut.

La place de Diest, sur le Demer, faisait partie d'un

ensemble d'obstacles à élever pour défendre notre frontière du nord contre la Hollande ; elle semble aujourd'hui, dans son isolement, pouvoir être neutralisée par la route de Turnhout à Bruxelles par Zammel et Haecht. On peut du reste admettre que la Belgique n'a nullement à redouter une attaque de la Hollande et que cette puissance serait, au besoin, une alliée fidèle et empressée à venir à son secours.

La nature et l'art paraissant également impuissants pour défendre l'accès du nouveau royaume, la politique a cherché à protéger de son veto cet éternel objet de convoitise des grandes puissances voisines. L'art. 7 du traité constitutif du 19 avril 1839, dit :

« La Belgique, dans les limites indiquées, formera un État indépendant et perpétuellement neutre. Elle sera tenue d'observer cette même neutralité envers tous les autres États. »

Non-seulement la Belgique a accepté cette position nouvelle, mais elle a librement déclaré que sa neutralité serait forte, loyale et sincère. Ainsi qu'elle y est *tenue,* elle doit lui vouloir ce triple caractère, pour ne pas fournir elle-même à ses deux puissants voisins des motifs suffisants de la violer.

La foi dans les traités ne doit pas être aveugle, car la France trouverait encore des arguments aussi solides que ceux qu'elle fit valoir en 1805 contre le grand-duché de Bade, dont l'électeur « avait voulu, comme tous les souverains d'Allemagne de second et troisième ordre, obtenir le bienfait de la neutralité, *véritable chimère en de telles circonstances,* car lorsque les puissances allemandes n'ont pas su empêcher la guerre en résistant aux grandes puissances qui la désirent, elles ne doivent pas se flatter d'en écarter les malheurs par une neutralité qui est impossible, puisqu'elles sont presque toutes sur la route obligée des armées belligérantes (1). »

Si ces idées étaient attaquées pour leur date, l'on pourrait méditer ces paroles prononcées le 4 février 1847, dans la discussion de l'adresse de la chambre des députés de France, par un héritier présomptif du pouvoir, par M. Thiers : « Je m'en prends aux ministres : ils ont commis une fatale imprudence. Certes, si on avait fait ici une grande chose pour le pays, quelque chose de très-grand, je comprendrais qu'on nous dît : « Eh qu'importe le dé- « plaisir de l'Angleterre? Avant tout, la satisfaction de « la France et de l'intérêt français ! » *Oui, vous avez raison, si on avait fait de grandes choses,* INQUIÉTONS-NOUS PEU *de nos voisins et de nos alliés.* »

Or l'on sait que faire de grandes choses signifie ici déchirer les traités de 1815 et reconquérir les frontières du Rhin.

Les mêmes traités seraient-ils mieux respectés par les puissances du Nord? Cracovie nous dit assez le cas que l'on fait des neutralités gênantes pour la satisfaction d'intérêts même secondaires : que serait-ce donc si le sort d'une campagne dépendait de la possession de la ligne de la Meuse?

Nos places fortes du midi sont devenues, par les fortifications de Paris, la base d'opération presque obligée d'une coalition européenne contre la France. « Paris, en se hérissant de bastions et de forts déta-

____

(1) THIERS, *Histoire du Consulat et de l'Empire*, livre XXII.

chés, a mis fin aux fameux plans de campagne enseignés naguère encore dans les écoles régimentaires de la Russie et de la Prusse, et suivant lesquels une armée partant de Berlin devait arriver à jour fixe à Paris pour y terminer la guerre; ces plans de campagne sont déconcertés et à refaire. Il faudra que la coalition engage avec la France une guerre du genre de celles que se faisaient Léopold et Louis XIV. » (Ardant.) Dès lors notre cordon fortifié offrirait à l'Allemagne, par la multiplicité des communications, par la richesse industrielle et agricole du pays, des ressources nombreuses pour accumuler dans ces places les immenses attirails de guerre qu'exigerait l'attaque de ce colosse fortifié.

Ainsi la France et l'Allemagne ont un intérêt égal et forcé à se prévenir mutuellement dans l'occupation de nos places fortes, pour les fermer à l'adversaire, à moins que nous-mêmes ne soyons en mesure d'en défendre énergiquement l'accès et de sauvegarder loyalement notre neutralité.

C'est donc pour la Belgique une obligation d'honneur et une question d'existence de ne pas se reposer sur autrui du soin de sa défense; car supposons que le secours de puissants alliés ne lui manquât pas, et qu'elle pût compter des défenseurs zélés aussitôt qu'elle aurait à combattre des agresseurs, son territoire n'en serait pas moins l'arène où se videraient les démêlés de ces grands intérêts du monde. Ce ne seraient plus une bataille et quelques jours de marche qui en décideraient, mais toutes les lenteurs désastreuses de siéges méthodiques.

Comment se soustraire à l'alternative également

redoutable d'une occupation temporaire ou d'une conquête? Nos places fortes, construites dans des circonstances qui ne sont plus, neutralisées stratégiquement par des routes nouvelles, percées par le fer des railways, ne seront une digue contre nos voisins qu'autant que l'organisation militaire de la Belgique sera assez *forte* pour ne pas légitimer le prétexte de venir en aide à son impuissance, et assez *consistante* pour faire craindre un retour offensif, même après un premier choc supposé malheureux.

Ainsi, créer un réduit inexpugnable pour soustraire l'armée aux coups d'un ennemi trop supérieur, jusqu'au moment où des retours offensifs rendent son concours utile, tel paraît être le but que la stratégie doit atteindre pour sauvegarder notre nationalité.

Il peut d'autant moins être question de contrefaire à Bruxelles la grande œuvre des fortifications de Paris, que cette capitale, quoique centre politique, est loin d'être le centre des affaires, et que notre métropole commerciale, Anvers, représente des intérêts autrement puissants que ceux de Bruxelles.

Il s'agit donc, à l'approche d'une guerre, de réunir à la fois à Anvers, centre commercial, le centre politique et militaire. Le chapitre quatrième de cet opuscule explique la valeur stratégique des places fortes. Nous avons vu que le réseau stratégique de la Belgique comprend un cordon de forteresses facile à rompre, séparé par de vastes plaines d'une capitale ouverte, et enfin une zone défensive formée par le bas Escaut et le canal de Gand à Ostende. Dès lors Anvers, par sa triple importance, devient la place de dépôt obligée, où un immense camp retranché à former entre l'arc de l'Escaut et la corde passant par Melzele renfermerait l'armée active, qui aurait pour forts détachés Gand, Termonde, Malines, Lierre, et un point de liaison entre cette place et Lillo. Ce camp retranché pourrait même avoir pour barrière un large canal alimenté par l'Escaut.

Ce plan de défense exige la démolition des places d'une utilité contestable pour ne conserver que celles de la Meuse, de la Sambre, de l'Escaut, du Demer, du littoral maritime et peut-être Mons.

Si la Belgique, trop confiante dans ses forces, croyait pouvoir défendre au même degré le périmètre actuel et le centre, elle risquerait d'être faible partout, parce que l'armure qu'on lui a faite en 1815 n'est pas à sa taille réduite. *A ne consulter que les convenances militaires,* son rôle doit consister à pratiquer les maximes du chapitre sixième, que Marmont résume en ces mots : En général, la méthode la plus efficace, lors d'une défensive énergique, consiste dans des mouvements offensifs restreints, bien calculés, exécutés rapidement et à propos.

Depuis Fabius jusqu'à Wellington, tous les capitaines qui ont marqué dans l'histoire pour leur génie défensif ont toujours pratiqué cette maxime, que l'empereur au faîte de sa puissance développait lui-même le 3 septembre 1806 pour la défense de la Dalmatie, comme suit (1) :

« On a demandé, dans le dernier siècle, si les fortifications étaient de quelque utilité. Il est des souverains qui les ont jugées inutiles et qui en conséquence

______

(1) Copie d'un ordre donné par l'empereur au ministre de la guerre. (*Spectateur militaire,* t. XXX, p. 497.)

ont démantelé leurs places. Quant à moi, je renver-
serais la question, et je demanderais s'il est possible
de combiner la guerre sans des places fortes, et je
déclare que non.

« Sans des places de dépôt, on ne peut pas établir
de bons plans de campagne, et sans des places que
j'appelle de campagne, c'est-à-dire à l'abri des ha-
sards et des partis, on ne peut pas faire la guerre
offensive. Aussi, plusieurs généraux qui, dans leur
sagesse ne voulaient pas des places fortes, finissaient-
ils par conclure qu'on ne peut pas faire de guerre
d'invasion.

« Mais combien faut-il de places fortes? C'est ici
qu'on se convainc qu'il en est des places fortes comme
des placements de troupes. Prétendez-vous défendre
une frontière par un cordon, vous êtes faibles partout, car enfin tout ce qui est humain est limité :
artillerie, argent, bons officiers, bons généraux, tout
cela n'est pas infini, et si vous êtes obligés de vous
disséminer partout, vous n'êtes forts nulle part. Mais
renfermons-nous dans la question.

« La Dalmatie peut être attaquée par mer, et ses
ports et ses havres ont besoin de batteries qui les
défendent. Il est plusieurs îles qui sont importantes;
il existe plusieurs forts auprès des grandes villes et
des principaux ports qui peuvent aussi avoir de l'importance, mais cette importance est secondaire. La
Dalmatie, du côté de terre, a une frontière étendue
avec l'Autriche et la Turquie. Il existe plusieurs forts
qui en défendent les défilés ou passages des montagnes. Ces forts peuvent être utiles; mais leur
utilité est secondaire. Les uns et les autres sont des

forts de campagne, quoique fortification permanente, et je les appelle ainsi parce qu'ils peuvent servir pour mettre à l'abri un détachement, un bataillon, soit contre un débarquement, soit contre une invasion, pendant que l'armée française serait supérieure en Dalmatie, quoique cependant elle se trouvât momentanément inférieure au point du débarquement ou de l'invasion.

« Avant que la grande supériorité de l'ennemi soit bien constatée, ces forts, soit du côté de la mer, soit du côté de terre, si l'on attaque la Dalmatie par mer ou par terre, ces forts, dis-je, peuvent servir et aider aux mouvements et aux manœuvres de l'armée française; mais ils tombent du moment que la supériorité de l'ennemi sur l'armée française est bien constatée.

« Il n'est aucun moyen d'empêcher une armée double ou triple en force de l'armée que j'aurai en Dalmatie, d'opérer son débarquement sur un point quelconque de quatre-vingts lieues de côtes, et d'obtenir bientôt un avantage décidé sur mon armée si sa constitution est proportionnée à son nombre.

« Il m'est également impossible d'empêcher une armée plus forte qui déboucherait par la frontière d'Autriche ou de Turquie, d'obtenir des avantages sur mon armée de Dalmatie.

« Mais faut-il que six, huit ou douze mille hommes que les événements de la politique générale peuvent me porter à tenir en Dalmatie soient détruits ou sans ressources après quelques combats? Faut-il que mes munitions, mes hôpitaux et mes magasins, disséminés à l'aventure tombent et deviennent la proie de l'ennemi du moment qu'il aurait acquis la supériorité en campagne sur mon armée de Dalmatie? Non. C'est ce qu'il m'importe de prévoir et d'éviter. Je ne puis le faire que par l'établissement d'une grande place, d'une place de dépôt, qui soit comme le réduit de toute la défense de la Dalmatie, qui contienne tous mes hôpitaux, mes magasins, mes établissements, où toutes mes troupes de Dalmatie viennent se reformer, se rallier, soit pour s'y renfermer, soit pour reprendre la campagne, si telles sont la nature des événements et la force de l'armée ennemie. Cette place, je l'appelle place centrale. Tant qu'elle existe, mes troupes peuvent avoir perdu des combats, mais n'ont essuyé que les pertes ordinaires de la guerre; tant qu'elle existe, elles peuvent elles-mêmes, après avoir pris haleine et du repos, ressaisir la victoire ou du moins m'offrir ces deux avantages d'occuper un nombre triple d'elles au siège de cette place et de me donner trois ou quatre mois de temps pour arriver à leur secours; car tant que la place n'est pas prise, le sort de la province n'est pas décidé et l'immense matériel attaché à la défense d'une aussi grande province n'est pas perdu.

« Ainsi tous les forts situés aux débouchés des montagnes ou destinés à la protection des différentes îles et ports ne sont que d'une utilité secondaire. Mon intention est qu'on ne travaille pour améliorer ou augmenter leurs fortifications que lorsque je connaîtrai les détails de chacun d'eux et que lorsque les travaux de la place principale seront arrivés à un degré suffisant de force, et que mes munitions de guerre, mes hôpitaux, mes magasins d'habillement et de bouche seront centralisés dans ma place de dépôt, qui doit fournir ce qui est nécessaire à la défense des localités, mais de manière qu'en peu de temps tout puisse se replover. sur cette place, afin d'éprouver, en cas d'invasion de la part de l'ennemi, la moindre perte possible.

« Une place centrale une fois existante, tous les plans de campagne de mes généraux doivent y être relatifs. Une armée supérieure a-t-elle débarqué dans un point quelconque, le soin des généraux doit être de diriger toutes leurs opérations de manière à ce que leur retraite sur la place centrale soit toujours assurée. Une armée attaque-t-elle par la frontière turque ou autrichienne, le même soin doit diriger toutes les opérations des généraux français. Ne pouvant défendre la province tout entière, ils doivent voir la province dans la place centrale. Tous les magasins de l'armée y seront concentrés; tous les moyens de défense s'y trouveront prodigués, et un but constant se trouvera donné aux opérations des généraux. Tout devient simple, facile, déterminé, rien n'est vague quand on établit de longue main et par autorité supérieure le point central d'un pays. On sent combien de sécurité et de simplicité donne l'existence de ce point central, et combien de contentement elle met dans l'esprit des individus qui composent l'armée. L'intérêt de sa conservation agit assez sur chacun pour que l'on sente que l'on est là *en l'air*. D'un côté la mer couverte de vaisseaux ennemis, de l'autre les montagnes de la Bosnie peuplées de barbares, d'un troisième côté les montagnes âpres de la Croatie, presque impraticables dans une retraite, lorsque surtout il faut considérer ce pays comme pays ennemi. Trop d'inquiétude anime l'armée, si dans cette position elle n'a pas pour tous les événements un plan simple et tracé. Ce plan simple et tracé, ce sont les remparts de Zara. Quand, après plusieurs mois de campagne, on a toujours pour pis aller de s'enfermer dans une ville forte et abondamment approvisionnée, on a plus que la sûreté de la vie, la sûreté de l'honneur. »

Cet ordre ne demande point de commentaires. Il suffirait, pour le rendre applicable à la Belgique, d'y changer quelques noms propres. Toutefois on peut objecter, avec raison, que le système défensif, ainsi limité, est facile à exécuter dans un pays étranger où la souffrance de la zone sacrifiée importe peu; mais qu'il ne peut en être ainsi dans son propre pays; aussi avons-nous fait toutes réserves, en n'examinant la question que suivant les *convenances militaires*.

Des considérations politiques du moment, qu'il est impossible de prévoir aujourd'hui, peuvent exiger impérieusement que l'on s'écarte de ce plan de défense. Cette éventualité ne permet donc pas de restreindre, comme quelques-uns le voudraient, l'organisation de la force armée suivant des prévisions trop limitées que l'avenir se chargerait bien de démentir à notre grand détriment. Mais, tout restreint qu'il est, ce plan de défense exige pour sa réalisation une armée rompue au service et à la discipline, qui sache céder sans se décourager, et reprendre ensuite avec vigueur l'offensive.

Ce serait se faire une étrange illusion que de croire que des forces improvisées, corps de nouvelle formation ou gardes civiques, sauraient satisfaire à cette mission difficile, qui a été remplie avec tant de distinction dans la Péninsule par l'armée anglaise. Aussi, dit Napier : « Napoléon, qui savait bien que la guerre méthodique n'est qu'une application judicieuse de la force, prenait en pitié l'illusion de ceux qui regardaient le manque d'une armée régulière comme une circonstance favorable, et qui tenaient le paysan indiscipliné pour le défenseur le plus sûr du royaume. Il savait qu'une insurrection générale ne dure jamais longtemps, qu'elle n'est qu'une anarchie militaire incapable de toute force réelle ; il savait que c'étaient les bataillons disciplinés de Valley-Forge et non les volontaires de Lexington qui établirent l'indépendance américaine ; que c'étaient les vétérans d'Arcole et de Marengo, et non les républicains de Valmy, qui fixèrent le destin de la révolution française (1). »

Les hommes qui règlent la destinée du pays accorderont-ils moins de crédit à ces paroles qu'à l'aveugle confiance, à l'ignorante présomption ou aux espérances anarchiques qui demandent la désorganisation de l'armée ?

Le désastre de 1831, racheté en 1839 au prix de notre honneur peut-être, est-il si loin de nous, pour que la Belgique, n'acceptant de sa nationalité que les bénéfices, s'affranchisse du tribut d'hommes et d'argent que s'imposent tous les États de l'Europe, et qu'elle oublie une seconde fois qu'en fait d'armée *l'improvisation conduit à la déroute?*

(1) *History of the war in the Peninsula*, by W. F. P. NAPIER.

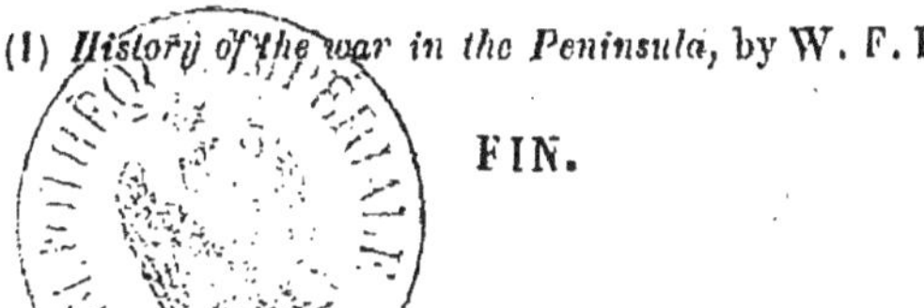

FIN.

TABLE DES MATIÈRES.

Pages.

OUVRAGES PUBLIÉS

DE LA 1re SÉRIE.

DU TIR DES ARMES A FEU ET PRINCIPALEMENT DU TIR DU FUSIL, par H. *Delorme du Quesnoy*, chef d'escadron d'artillerie.

ESPRIT DES INSTITUTIONS MILITAIRES, par le *maréchal Marmont, duc de Raguse*.

PRÉCIS POLITIQUE ET MILITAIRE DE LA CAMPAGNE DE 1815, par le *général Jomini*.

STATISTIQUE MILITAIRE ET RECHERCHES SUR L'ORGANISATION ET LES INSTITUTIONS DES ARMÉES ÉTRANGÈRES, par *C. A. Haillot*, chef d'escadron d'artillerie.

DE L'ARMÉE ET DE SON APPLICATION AUX TRAVAUX D'UTILITÉ PUBLIQUE, par le *lieutenant général marquis Oudinot*.

DES TENDANCES PACIFIQUES DES SOCIÉTÉS EUROPÉENNES ET DU RÔLE DES ARMÉES DANS L'AVENIR, par le *capitaine F. Durand*.

ÉLÉMENTS DE STRATÉGIE, par Ch. *Von Decker*, traduit de l'allemand, pour notre collection, par un officier supérieur belge.

Sous presse :

ESSAI SUR LA DÉFENSE DES ÉTATS PAR LES FORTIFICATIONS, par le *général Dufour*.

HISTOIRE DE LA GUERRE DANS LA PÉNINSULE ET DANS LE MIDI DE LA FRANCE, DEPUIS L'ANNÉE 1807 JUSQU'A L'ANNÉE 1814, par le *général Napier*, traduction de l'anglais, par le lieutenant général comte Mathieu Dumas, et continuée par Faltz, chef d'escadron au corps d'état-major.

www.ingramcontent.com/pod-product-compliance
Lightning Source LLC
LaVergne TN
LVHW022246030726
842520LV00009B/743